낮술 환영

낮술 환영

최화경 수필집

수필과비평사

세상의 모든 사막여우에게 이 책을 바친다.

‖ 작가의 말 ‖

올해 내 나이 환갑이다.

누군가 날 바라봤을 때 참으로 눈부셨으면 좋겠다.

나의 푸른 날들은 켜켜한 한恨의 세월도 아니었고 휘황한 꽃길은 더욱 아니었던 것 같다.

무채색으로 담담했던 그 시간들에 안도했던 건, 내가 흘러가고 있었기 때문이었는지도 모른다.

나는 그냥 계속 흐를 것이다.

흐르는 것은 멈추기를 거부할 것이므로—.

매듭 풀기로 이름 하던 내 수필의 세 번째 매듭이 조용히 풀렸다.

조용한 만큼 흥이 없어 아쉽다.

끝끝내 계면조로 불려질 내 문학의 안쓰러움에 목이 메인다.

2017년 가을

최화경 쓰다.

1. 그리고, 쓸쓸했다

2. 은혼식

3. 영자

4. 꽃들은 알고 있었을까

5. 명품이 된다는 것

6. 전주를 구하다

그리고, 쓸쓸했다

1

그리고, 쓸쓸했다

그건 분명 굴욕이었다. 이 몰락한 기분이라니. 지난가을 두 번째 수필집을 낸 이후 변변한 수필 한 편 못 쓰고 있었다. 자괴감에 빠져 우울했다. 누군가에게 쫓기는 사람처럼 불안하고 손에 땀이 자주 났다. 원고 마감 날짜가 다가오자 초조하다 못해 역정까지 났다. 단호하게 거절하지 못한 뻔뻔함이 더 위험했다. 산만한 주변과 푸석해진 감성이 원망스러워 한숨이 나왔지만 생각해 보면 내 무능함이 더 싫었을 것이다. 도대체 이 무력함은 언제까지 이어질 것인가. 내 안일함을 질책하고 치열함을 일깨울 누군가 있었으면 하는 생각이 간절했다.

혼불 문학관은 노적봉 아래 고즈넉했다. 비애 같은, 상처 같은, 도라지꽃이 지천이었다. 보라색 도라지꽃이 푸른 멍처럼 느껴져 가슴 어딘가에 통증이 왔다. 문학관 개관 무렵에 와보곤 처음이었다. 이제 모두 제자리를 찾아 풀과 나무, 바람까지도 그때의 삭막함에서 벗어난 듯하다. '원고를 쓸 때면 손가락으로 바위를 뚫어 글씨를 새기는 것만 같은 생각이 든다.'고 했던 최명희 선생의 고통이 곳곳에서 느껴졌다.

> 쓰지 않고 사는 사람은 얼마나 좋을까.
> 때때로 나는 엎드려 울었다.
> 그리고 갚을 길도 없는 큰 빚을 지고 도망 다니는 사람처럼
> 항상 불안하고 외로웠다.

전시관 내부에 재현해 놓은 선생의 집필실 앞에 〈혼불〉 집필 전 풀리지 않는 글줄로 힘들었던 선생의 심경을 쓴 글이 액자에 걸려 있었다. 깜짝 놀랐다. 핑계만 있으면 안

써보려고 일부러 한눈을 파는 작가의 고통은 누구나 같은 것인가. 내가 느꼈던 안타까움을 선생도 똑같이 느꼈다고 생각하니 황망했다. 방대한 양의 ≪혼불≫이 누에고치에서 실이 나오듯 술술 써졌을 거라고 생각한 건 아니었지만 그다지 어렵지만은 않았을 거란 생각도 했었다. 갑자기 온몸에 불덩이가 닿은 듯 화끈거리며 부끄러웠다. 선생은 집필하는 동안 병을 얻어 결국 ≪혼불≫을 다 완성하지 못하고 세상을 떠나지 않았던가. 그렇게 치열했던 사람이었다. 갑자기 돼먹지 않은 내 엄살이 사치스럽다는 생각에 쓸쓸했다.

"달빛 색깔의 반짝이는 둥근 고리 하나가 모래밭에서 꿈틀거렸다."

어린 왕자가 지구에서 본 뱀을 묘사해 놓은 부분을 읽으며 이런 글을 쓸 수 있었던 생텍쥐페리가 위대하게 느껴졌다. 부럽고 샘이 나서 내 자신을 야유하듯 침까지 뱉고 싶을 지경이었다. 내 가슴의 기능이 모두 멈춰버린 듯 글 한 줄 못 쓰고 있으니 말이다.

될 수 없는 무엇이 되고 싶어
그들은 거기서
나는 여기서 죽지요.

최정례의 시 〈레바논 감정〉의 한 부분처럼 정녕 될 수 없는 무엇이 되고 싶어 이 발버둥인가. 내 엄살이 몹쓸 병처럼 느껴져 다시 쓸쓸해졌다.

너절한 살림살이가 눈에 거슬렸고 화장대 앞에 널려 있는 머리카락도 더 이상 참을 수 없었다. 몸을 움직여 청소 따위를 한다는 건 더욱 싫었다. 사람도 그늘에 살면 생선처럼 상하기 마련이라더니 내 그늘이, 내 집인 것만 같았다. 여기서 상하고 싶진 않았다. 주섬주섬 가방을 챙겼다.

카페는 그날따라 북적였다. 길고 넓은 창밖으로 온통 잔디밭이 보이는 카페였다. 2층에 살림집이 있는 동네 카페여서인지 마당은 항상 손질이 잘되어 있었다. 갤러리엔 성장, 잠잠하게, 평안, 동거, 이런 제목들이 붙은 정숙한 색깔의 그림들이 걸려 있었다. 7월의 햇빛이 폭포처럼 쏟아지는 잔디밭엔 붉은 꽃을 가득 피운 배롱나무가 그 뜨거움을 인내하듯 꼼짝 않고 서 있었다. 한순간 바람이 풀들을 휘젓고 흔든다. 내 눈빛도 같이 흔들리며 단풍나무 그늘에 자리를 잡는다. 지금 나를 우울하게 하는 것도 훌륭한 글감이라 말한 사람에게 경의를 표한다. 나는 백일장에 나온 소녀처럼 내 안을 조심스럽게 열었다. 7월의 정오였다. 그리고, 쓸쓸했다.

낮술 환영

지독한 감기로 삼월 한 달을 다 보낸 듯하다. 사람들은 말한다. 이번 감기는 너무 독해서 쉬 낫질 않는다고. 좀 우스운 게 해마다 이번 감기가 제일 무섭다고 얘기한다. 어쨌든 감기는 무서운 것보다 귀찮은 존재다. 냄새를 못 맡으니 맛도 모르겠고 썩 입맛 당기는 음식도 없다. 냄새를 맡으려는 의지 때문이었는지 때때로 강렬한 맛의 음식이 생각나는 정도였다. 병원에서 나와 허청허청 걷는 어깨 위로 햇빛이 청결하게 부서졌다. 부신 눈을 손바닥으로 가리려는데 붉은색 간판이 눈에 들어온다.

'낮술 환영 칭따오'

중국 음식점인 것 같았다. 순간 풍미가 좋은 자장면을 먹으면서 독한 술이라도 한 잔 마시면 막힌 코가 뻥 뚫릴 것 같았다. 나는 술을 못 마신다. 평생 취해 보지도 못하고 소주 한 잔에 어지럼증만 느끼다 갈 것 같은 생각을 하면 취한 기분은 어떨지 아쉽기도 하다. 술은 낮술이 최고라는데 나도 낮술이라는 걸 한번 마셔볼까. 감기가 고약하긴 한가 보다. 정신까지 혼미해지는가? 혼자서 낮술이라니 못 볼 것이라도 본 것처럼 걸음을 빨리해 그곳을 지나쳤다. 낮술 환영, 낮술 환영, 이 강렬한 유혹은 아마도 환영이란 말 때문인 것 같았다. 어이없게도 난 다시 돌아와 칭따오의 문을 힘겹게 밀고 있었다.

실내는 어둑했다. 손님으로 보이는 사람은 없었다. 물론 술을 마시는 사람도 없었다. 남자 몇 명이 모여 한 테이블에서 식사를 하고 있었다. 직원들인 것 같았다. 그러고 보니 점심시간이 훨씬 지나 있었다. 물잔을 가져온 남자가 친절하게 뭘 먹을 건가 물었다. 난 망설이다 자장면을 시켰다. 술 소리가 입술에서 뱅뱅 돌았지만 결국 술 주문은 못하고 말았다. '낮술 환영'에 이끌려 들어온 곳이건만 술은 못 마실 상황이었다. 멋쩍고 아쉬워서 실내를 찬찬히 둘러봤다. 쿡 웃음이 나왔다. 낮술 환영이란 격한(?) 간판의 이미지와는 달리 식탁마다 도트 무늬의 식탁보가 깔려 있었다. 물방울무늬보다 더 재미있는 건 핑크, 노랑, 연둣빛의 귀여운 색깔들이었다. 독한 술이나 시켜 놓고 강렬한 냄새의 자장면이나 먹을 생각으로 들어온 곳은 우습게도 핑크레이디나 페퍼민트 같은 칵테일이 어울릴 것 같은 식당이었다. 색색의 식탁을 봄꽃인 양 바라보고 있는데 자장면이 나왔다.

파격의 멋을 아는 선배가 한 분 있다. 어느 날, 선배가 젊은 날 낮술 마시던 추억을 얘기했다. 비 오는 날 술집 방에 틀어박혀 웃통을 벗고 핑크 플로이드 노래를 들으며 하루 종일 술을 마시던 얘기를 듣다 보니 온몸에 전율이 일었다. 꽃잎이 하롱하롱 떨어지는 벚나무 아래로 소반을 들고 나가 술을 마신 얘기, 차를 달려 풍광이 좋은 데로 가서 보닛을 탁자 삼아 와인 마시던 얘기, 낮부터 술과 음악에 취해 세상을 이해하고 삶을 관조했던 선배가 참 근사했다. 아마도 내 낮술의 환상은 여기서부터였을 것이다.

'낮술은 돈 주고 피한다.' '낮술에 취하면 부모도 몰라본다.'

누군가 말한다. 술은 낮술이 최고여서 혼자만 마시려고 항상 부정적으로 얘기한다고—.

또 어떤 사람은 말한다. 낮부터 취해 있으니 하루 종일 행복할 거라고

아무튼 낮술은 찬반이 엇갈리는 음주인 건 분명한 것 같다.

세상은 연일 찌개냄비 끓듯 부글거린다. 보글보글 자작하게 끓여야 제맛인 찌개가 성나서 넘칠 듯 끓고 있으니 깊은 맛은 없을 듯하다. 맛이 없다는 건 재미도 없을 터이다. 불꽃을 줄이는 심정으로 애정 있게 바라봐야 되는데 그

게 쉽지 않으니 문제다. 노오란 봄빛을 섞어 마시고 싶은 내 낮술에 대한 열망은 하루 종일 취해서, 감기는 물론 마땅찮은 세상 일 다 잊고 행복해지고 싶은 간절함 때문인지도 모르겠다.

소울 푸드 Soul Food

추석.

시댁엔 언제나처럼 퀴퀴한 홍어 냄새가 진동했다. 결혼 초엔 놀랍고 불쾌했던 홍어 냄새가 이젠 군침까지 돌며 정겨웠다. 꾸덕꾸덕 말린 홍어로 지진 전은 식어야 더 맛있는 음식이다. 차가운 그것을 죽죽 찢어서 격 없이 먹는 맛이라니—. 어머님은 명절 훨씬 전부터 시장에 나가 홍어를 고르고 적당히 삭혀서 포를 뜨고 간을 해서 그늘에 말려 간수해 놨다가 명절 전날 몇 채반씩 전을 지진다. 밀가루를 묻혀서 계란을 씌워 지져내는 건 여느 생선전과 다를 게 없지만 얼마나 손이 많이 가는지 그 수고로움에 먹으면서도 몸이 저리다. 맛있으면 맛있을수록 더 손이 가고 정성을 쏟았을 어머님의 홍어전은 죄송하고 미안한 음식이다. 동강날 것 같은 허리를 끌며 손수 준비하시는 홍어전은 기쁘고 가슴 아픈 음식이다. 설 명절, 추석, 시아버님 기일. 일 년에 세 번 홍어전을 하는데 내가 시집온 후엔 한 번도 거른 적이 없다.

적당히 삭은 홍어 냄새에 코를 벌름대며 베란다 채반 쪽으로 가던 나는 깜짝 놀랐다 양은 찜기에 솔잎을 깔고 쪄낸 모싯잎 송편이 가득했다. 누가 만든 거냐고 물었더니 어머님이 직접 만들었다고 하신다. 세상에!

바쁘단 이유로 송편 만들 사람이 없어 방앗간에서 송편을 사다가 차례를 지낸 지가 오래된 일이다. 솔잎 속에 파묻힌 쫀득한 송편을 보자 오래전 식구들과 둘러앉아 빚었던 송편 생각이 났다. 만든 사람마다 제각기 다른 모습의 아기자기한 송편을 보고 깔깔대며 웃음꽃을 피웠던 그 옛날 꼭 그 송편이었다. 깨소금의 고소함이 함께 씹히는 모시송편의 쫄깃한 맛에서 혼자 송편을 빚고 있던 어머님의 외로움과 고단함이 느껴져 부끄럽고 아팠다. 톡 쏘는 홍어전과 고소한 송편의 조화는 센 것을 차분하게 중화하는 듯 편안했다. 어머님이 싸주시는 홍어전을 받아들면 추석날도 어느덧 저문다. 홍어전에 미안함과 애틋함이 포개져 더 눈물겨운 음식이 된다.

추석 무렵 친정어머니가 깍두기와 깻잎김치를 주셨다. 시원한 국물과 아삭거리는 깍두기는 사근대며 감칠맛이 있어 국물 한 방울을 아끼며 먹고 있다. 아삭아삭 깍두기를 씹으면 가슴 한쪽이 싸아해진다. 먹기 좋고 상스럽지 않은 무의 크기가 보기에도 힘겨워 어머니의 우직함에 또 다시 마음이 헝클어진다. 설렁탕집 깍두기처럼 큼직큼직하게 썰어서 담았으면 좀 편했을까. 한 치의 흐트러짐 없이 똑같은 크기를 유지하면서 이렇게 작은 깍둑썰기를 했을 때 손가락이 얼마나 아팠을까. 채칼도 쓸 수 없는 게 깍두기가 아니던가. 무를 썰며 하염없이 손가락 통증을 견뎠을 생각을 하니 입맛이 싹 가시며 역정이 났다. 부모 맘들은 다 이런 걸까. 어떤 고통이 있어도 자식에게 좋은 것, 오직 한 가지 생각만 하니 말이다.

우표처럼 달라붙은 깻잎은 좀처럼 떨어지지 않았다. 짜증과 안쓰러움이 함께 몰려왔다. 이걸 가지런히 추리느라 아프고 시렸을 관절들이 아우성이라도 치는 듯 불편했다. 깻잎김치는 향도 좋고 맛도 좋아 내가 좋아하는 김치다. 이런 내 식성을 알고 보내온 음식일 터이다. 통에 가득 담긴 깻잎김치는 켜켜이 쌓여 한 덩이만 꺼내도 그 양이 많다. 양념장에 절여진 깻잎이 이렇게 많을 때 생으로 있을 땐 산더미 같았으리라. 쪼그리고 앉아 침침한 눈을 껌벅이며 그걸 한장 한장 추려서 양념장을 끼얹었다고 생각하니 내 어깨에 통증 같은 경련이 일었다. 그래서 깻잎김치는 누가 보내와도 송구스럽다. 어린 깻잎은 마치 단풍잎처럼 작았다. 이렇게 작은 것들은 귀찮아서 버릴 것 같은데 노인들의 알뜰함은 항상 우리를 몸 둘 바를 모르게 한다. 깻잎을 씹을 때마다 독특한 향과 함께 눈알이 시큰거리고 무릎관절이 아파온다. 감사와 애틋함이 이런 식으로 전해 온다는 게 그나마 다행이다. 부모님이 주신 건 당연하게 생각하고 맛있으면 좀 열심히 먹다가 시들하면 함부로 버리는 게 바로 자식들이다. 시어머니의 홍어전과 친정어머니의 깻잎김치는 세상의 부모 마음이고 그것을 맛있게 먹으면서도 안쓰러워 짜증을 내는 것은 자식들의 도리인지도 모르겠다.

아시나요?

어느 날인가 문득 햄버거가 먹고 싶었다.

밥을 먹기는 그렇고 간식을 하기엔 좀 배가 고픈 날 말이다. 음식 냄새 드세게 안 나고 칼로리도 살짝 높은 메뉴를 찾다 보니 자장면보다 햄버거가 나을 듯싶었다.

아니, 외국 영화에서나 봤음 직한 그 멋진 햄버거 가게가 궁금했는지도 모른다. 얼마 전 우리 가게에서 그리 멀지 않은 곳에 맥도날드가 새로 오픈했다. 독특한 인테리어에 휘황한 불빛과 24시간 영업에 자동차 안에서도 주문이 가능한 신기하고도 편리한 매장이었다. 거기다 배달까지 된다니, 햄버거가 배달되는 세상이 참 놀랍고 근사하기까지 했다.

햄버거는 요란하게 배달됐다. 헬멧을 쓴 두 젊은이가 두 개의 가방에 감자튀김과 햄버거를 나눠 들고 전사처럼 달려왔다. 햄버거 한 세트에 웬만한 식당의 점심 특선 값보다 비싸서 좀 당황했지만 오랜만에 먹어보는 햄버거라 잔뜩 기대하며 황급하게 봉투를 열었다. 세상에, 다정하기도 하지.

식지 않게 은박 종이에 싼 햄버거의 이름은 〈상하이 스파이시 치킨버거〉. 눅눅하지 말라고 구멍이 숭숭 뚫린 종이 봉투에 들어 있는 바삭한 감자튀김, 감자튀김과 치킨버거에 어울리는 독특한 이름들의 달콤하고 매콤한 소스들, 그리고 커다란 컵의 콜라, 난 두 손으로 햄버거를 덥석 잡고 급히 한입 베어 물었다. 매콤한 맛과 닭 가슴살의 부드러움에 입안이 금방 행복해졌다. 독특한 풍미에 끌려 콜라를 빨아 대며 정신없이 몇 번을 베어 먹었다. 그러나 그것도 잠시, 나도 어쩔 수 없는 밥 세대인가. 똑같은 맛의 햄버거를 계속 씹고 있자니 씹는 일 자체가 지루하고 귀찮아졌다. 음식에 대한 귀함, 맛에 대한 푸근함, 그 무엇도 진지하게 느낄 수 없었다. 그냥 하염없이 씹고만 있는 기분이었다. 하염없다는 표현 말고는 딱히 할 말이 없었다. 마치, 소의 되새김질처럼 무심했다. 맛에 대한 환희도, 음식을 바라보는 즐거움도, 색감에서 오는 아기자기함도, 어떤 다채로움도 없었다. 오직 베어 먹은 단면의 우중충한 고기 색깔만 보일 뿐, 음식에 대한 감동은 없었다. 감자튀김에 소스를 찍어 아무 생각 없이 먹고 있는데 그 단순함에 짜증이 몰려왔다. 씹어도, 씹어도 똑같은 맛은 여전했다. 새콤한 소스 맛이 사라지면 그뿐, 또다시 퍽퍽한 맛과 간간한 소금 맛뿐이었다.

문득 서울에 있는 딸 생각이 났다.

원룸에서 혼자 생활하는 딸은 번번이 햄버거를 먹는 것 같았다. 집 떠나 있는 애들이 굶어서 죽는 게 아니라 인스턴트에 죽는다더니 그 말이 맞는 것 같기도 하다. 햄버거로 끼니를 때우고 있는 딸도 이렇게 하염없이 음식도 아닌 것을 밀어 넣고 있겠구나 생각하니 목이 메었다. 가뜩이나 목이 답답한 감자튀김에, 안쓰러움으로 목까지 메고 있으니 비극영화처럼 상황이 심각해져가고 있었다. 젊은 것들 입맛이려니 했는데 밥이 있었으면 이런 음식 굳이 먹었을까. 칼칼하게 끓는 찌개에 따끈한 밥이 있었으면 햄버거 따윈 안 먹었을 게 분명했다.

왜, 햄버거 하나 먹으면서 이다지도 복잡해지는지. 단순하지 못한 내가 싫어서 우적우적 남은 햄버거를 급히 먹어치우는데 감자튀김을 담아왔던 봉투가 눈에 들어온다.

아시나요?

맥도날드가 맛있다고 평가를 받는 이유는 직접 엄선한 재료에 있습니다. 100% 순 쇠고기와 순 닭고기, 그리고 신선한 야채로 정성을 다해 만들고 있습니다.

구멍이 숭숭 뚫린 습기 방지용 봉투엔 노란색 글씨로 살뜰하게 이런 내용이 적혀 있었다.

엄선된 재료로 정성을 다해 만든다고 안심하고 드시라는

봉투를 한참이나 들고 있었다. 그나마 마음이 놓였다. 그리고 햄버거에 대한 좀 전의 투정이 미안해지며 뭔가 복잡하던 마음이 가벼워진다. 그래, 음식의 형태와 맛이 다르다고 다 나쁜 건 아니겠지 단지 새로운 맛일 뿐.

건강 생각해서 뭐 하나 덥석 집어 먹을 수 없는 요즘 같은 때, 안심하고 드시라고 재료 고르는 과정을 다정하게 고하는 맥도날드의 정성도 무시할 순 없을 듯하다. 온갖 첨가물에 어디서 온 줄도 모르는 음식이 널려 있는 아슬아슬한 세상에 그나마 위안이 되는 친절한 안내문 아닌가. 우리 세대야 햄버거 하나 먹는 일이 큰 도전일 수도 있겠지만 젊은 세대에겐 간편하고 색다른 맛의 햄버거가 구세주일지도 모른다. 음식이 도덕적일 순 없겠지만 음식 만드는 사람에게 도덕을 요구할 수는 있지 않을까? 그래서인지 엄선된 재료로 햄버거를 만든다고 안심시키며, 이국의 낯선 입맛에 정성을 다하는 맥도날드의 진정성에 가슴이 따뜻해진다. 먹어서 맛있으면 그만이었던 옛날, 그 안전했던 세월이 몹시 그리운 날이다.

완석루頑石樓

한시도 고요해질 수 없는 내 주변이 싫어서 진저리가 나는 날이 계속되고 있었다. 몇 달째 글 한 줄 못 쓰는 것도 혼자 있지 못하는 까닭이라고 생각하니 주위에서 북적대는 부산함을 더욱 견딜 수 없었다. 내가 아는 모든 블루스 음악과 무라카미 하루키의 소설들 그리고 진한 커피와 스위츠가 있는 공간에서 오롯이 혼자이고 싶었다. 그리고 처음으로 전원주택을 가진 사람이 부러웠다. 사실 난 전원주택을 별로 좋아하지 않는다. 멀리서 바라보는 전원주택은 언뜻 낭만적이고 그림 같지만 정작 그 속내는 불편하고 답답함이 더 많을 듯했다. 집을 간수하는 수고로움도 만만치 않아 항상 노동의 흔적이 보였기 때문일 것이다. 나의 이런 갈증을 독심술이라도 가진 듯 읽어낸 지인이, 금강 쪽에 전원주택을 가진 친구가 있다며 가보자고 했다. 개인 주택으로는 드물게 멋진 건축물 상을 수상한 집이라며 실망하지 않을 거란 설명도 덧붙였다.

그 집에 담은 없었다. 담장이 주는 안도감과 아늑함보다 폐쇄적이고 답답함을 싫어하는 외향적인 집주인의 성품이 드러나는 듯했다.

'완석루'

추사 김정희의 글씨, 잔서 완석루에서 따온 집 이름이다. 낡은 책, 무뚝뚝한 돌이 있는 집이라는 의미와는 달리 모던한 분위기에 풍요롭고 고급스러웠다. 오히려 그 집의 또 다른 이름인, '햇살 가득한 집'과 더 어울렸다. 완석루란 현판만 비바람에 씻겨 낡은 책처럼 보였다. 그나마 잘 손질된 아이비 넝쿨에 둘러싸여 있어 마치 유서 깊은 가문의 문장 같아 그것마저 기름져 보였다.

중정中庭을 중심으로 복도를 따라 서재와 안채, 손님방과 또 다른 방들이 빙 둘러 있어 마치 병풍 같은 분위기의 집이었다. 금강이 보이는 서재는 언제든지 고요해질 수 있어 사유와 천착의 시간을 가질 수 있을 것 같아 욕심이 났다. 서재가, 내 것이었으면 하는 마음이 너무도 간절해 잠깐 우울하기까지 했다. 격자창과 코너에 낸, 두 폭의 가리개 같은 긴 창을 통해 어디서든 중정의 운치에 빠져들 수 있었다. 그러고 보니 도처에 한옥의 멋이 나는 집이었다.

데크에 앉아 멀리 금강을 바라보며 찐 감자와 수박을 먹었다. 어린 날엔 마루에 앉아 수박을 먹었었다. 수박 씨를 따로 뱉을 것도 없이 푸우, 푸 볼에 힘을 주어 마당 쪽으로 뱉으면 그만이었다. 난 오랜만에 손님의 점잖음도 잊은 채 수박 씨를 정원 쪽으로 함부로 뱉으며 방자하고 자유롭게 수박을 먹었다. 아아, 후련해라. 수박 씨는 입술에 힘을 주는 대로 멀리 혹은 가까이 떨어져 앉았다. 후원에 석류나무가 있었다. 7월의 햇빛을 받아 반짝이며 매달려 있는 석류는 흡사 작은 항아리 같았다. 발그레한 석류를 보니 더워도 좋을 여름이었다.

집주인은 전원주택은 짓지 말라고 했다. 그냥 멋진 집을 지닌 사람과 친구 하면 그 집을 누릴 수 있다고 말하며 전원주택에 살고 있는 고충을 에둘러 드러냈다. 물론 집 지을 일도 없었지만 평소 내 생각을 알고 있는 듯해 크게 웃었다. 집주인이 중정의 파라솔로 와인과 올리브를 내왔다. 서재의 통유리를 통해 금강을 바라보며 떫은맛과 신맛이 조화로운 와인을 마셨다. 건축물의 아름다움과 즐거움에는 두 가지가 있는데 하나는 멀리서 바라보는 운치의 멋이고 또 하나는 그 속에 몸을 담고 느끼는 즐거움이라 했던가. 완석루에 머무는 내내 이 말이 강렬하게 와 닿았다. 탄생과 죽음, 결혼으로 오랜 세월 정화된 곳이 비로소 집의 의미가 있다고 생각한다. 그 때문인지 모든 걸 집 밖에서 하는 요즘이 좀 무정하게 느껴진다. 병원에서 출산하고 산후조리원에서 몸조리하고, 예식장에서 결혼하고, 장례식장에서 초상을 치른다. 하다못해 집들이까지 밖으로 초대한다. 물론 달라진 주거형태도 있겠지만 그토록 오래 살지 못하고 자주 이사를 다니니 묵어지는 정이 없어서인지도 모르겠다. 장마인데도 소소하게 불어오는 바람은 습하지 않았다. 적절한 중정의 넓이가 그걸 가능케 한다고 했다. 이런 곳이라면 혼인하고 탄생하고 죽음을 맞이할 수 있는 집의 의미가 충분하다는 생각이 들었다.

돌아올 무렵 집주인이 말했다. 젊어서 지은 집이라 열정적으로 완석루를 사랑하며 살 수 있었노라고. 나이 들면 친구와 병원이 가까이 있는 도시의 아파트로 이사 할 계획이라고도 했다.

프랑스 철학자 가스통 바슐라르는 ≪공간의 시학≫이라는 책에서 이렇게 말했다.

"집은 세상 속 우리들의 구석이다. 집이란 흔히들 말하지만 우리들의 첫 번째 세계다. 그것은 정녕 하나의 우주다. 우주라는 말의 모든 뜻으로 우주다. 내밀하게 파악할 때,

더할 수 없이 비천한 거주지라도 아름답지 않겠는가?”

그럴 듯한 표현이다. 집이 마땅찮을 때 신경질적으로 내뱉던 집구석이란 말이 살짝 정겨웠다.

좀 북적인다고 해서 진저리를 낼 일도 아니지 싶었다. 아무리 누추하고 불편하더라도 그 집에서 위안 받고 재충전할 수 있다면 그건 집 이상의 의미가 있을 것이다. 사람들과 어울려 좀 소란스러운 내 주변이 갑자기 귀하게 여겨지며 빨리 집에 가고 싶었다. 세상 속 우리들의 아름다운 구석으로 어서 가고 싶었다.

울컥한다는 것

내 핸드폰 벨소리는 '에이미 와인하우스'의 〈발레리〉다. 난 그녀의 모든 노래에 중독된 듯 열광한다. 그리고 유독 발레리를 좋아한다. 허스키하면서 파워풀한 목소리에서 왠지 모를 진한 슬픔이 배어난다. 짧은 소절이지만 하루에 수십 번은 듣는 듯하다. 어느 날은 노래를 들으려 느릿느릿 전화를 받을 때도 있다. 발레리는 '강해지는 것'이라는 뜻의 슬라브어권에서 쓰이는 이름이다. 영어권에서는 밸러리(Valerie)라고 표기한다. '에이미 와인하우스'는 아깝게도 스물일곱 살에 요절했다. 노래를 듣고 있으면 약물 중독과 거식증으로 고통 받다 죽어간 에이미가 너무 아깝고 그리워 울컥하며 경련이 인다. 이건 몇 년이고 변함없는 감정이다.

울컥한다는 것은 격한 감정이 갑자기 심하게 치미는 모양을 나타내는 말이다. 그리고 울컥한다는 것은 워낙 북받치는 감정이라 꼭 눈물로 이어지는데 실컷 울고 나면 후련해져서 오히려 슬픔이 희석되는 듯하다. 이런 정화된 기분은 누구든 한 번쯤은 느꼈을 것이다

요즘은 어디서든 울컥하는 느낌을 받기가 쉽지 않다. 항상 뭔가 억울하고 답답한 일들이 많아 치가 떨리는 듯 진저리는 자주 치지만 감정이 격해져서 울컥해지는 일이 좀처럼 생기지 않는다. 세상은 항상 찌르며 대드는 송곳 같은 곳이어서 손잡이가 있는 안전한 쪽으로만 가고자 한다. 그러나 안전한 쪽은 밋밋한 곳이기도 해서 그곳은 늘 건조하고 차갑다. 그래서 따뜻한 얘기를 그리워하는지도 모르겠다. 팔월은 운 좋게도 그 울컥하는 격한 감정을 몇 번이나 느낄 기회가 있었다. 애국가와 함께 시상대에 올라 울컥하는 모습을 전 세계에 보여주며 우리도 함께 울컥하게 했던 리우의 태극전사들! 생각해 보니 장한 것과 울컥함은 동질

의 것인 것 같기도 하다.

연일 화염에 가까운 날씨가 계속되니 창문을 열어 바람을 맞아들이기보다 방화 셔터를 내리듯 창문을 닫아 화염을 차단하고 실내에 갇혀 지냈다. 폭염은 폭설보다 위험했으며 모든 게 정지된 듯 나른했다. 이런 날씨에 뭐든 피하기엔 극장만 한 곳도 없다. 더구나 조조는 몰입하기 좋은 시간이다. 〈덕혜옹주〉와 〈터널〉, 두 편의 영화를 봤다. 덕혜옹주의 파란만장한 생애를 통해 나라 잃은 치욕과 식민지적 삶이 얼마나 사람을 황폐하고 허무하게 무너지게 하는지 분해서 하염없이 울었다. 아버지 고종처럼 독살될까 봐 평생 보온병을 끼고 다녔다는 덕혜옹주가 정신병원에서도 보온병을 안고 다니는 모습을 보고 울컥했다. 그 모진 세월이 안타까워 흐르는 눈물을 주체할 수 없어 감기가 들 지경이었다. 그러고 보니 영화 보는 내내 울컥울컥해서 울음 끝이 길어졌나 보다.

영화 〈터널〉은 부실 공사로 무너진 터널에 갇힌 자동차 딜러인 젊은 가장의 이야기인데 여기서도 분통이 터지기는 마찬가지다. 나라를 잃지 않았어도 나라가 없는 것보다 더 서러운 대접을 받는 게 이 시대의 지금 국민이 아닐까? 결국 스스로 탈출할 수밖에 없는 상황까지 왔을 때, 그의 유쾌함을 가장한 담담함에 놀랐다. 상황의 어이없음이 억울하고 울컥해서 눈물이 비 오듯 쏟아졌다. 그가 구출됐을 때, 터널에 갇혔을 때보다 더 많은 인파에 갇혀 다시 압사 지경에 이르렀다. 그는 갑자기 친절해진 군중을 향해 "모두 다 꺼져!" 라고 소리친다. 가슴이 뻥 뚫린 듯 후련했다. 그리고 다시 한 번 울컥했다. 요즘은 점점 울컥해지는 감정과 만나지질 않는다. 분통이 터지지만 물러서야 이긴다고 천 근의 무게로 나를 누르고 울분을 삼킨다. 세상은 자꾸만 울컥하는 감동이 없어지고 '울컥'의 또 다른 의미, 먹은 것을 갑자기 거세게 토하는 소리만 커지는 듯하다.

추석 엘레지2

몇 년 전 〈추석 엘레지〉란 수필을 쓴 적이 있다. 시간이 갈수록 애틋한 추석의 정서는 없어지고 형제간의 우애도 형식적인 듯 데면데면해졌다. 먹을 때 빼고는 시간이 안 가는 안타까움. 기계로 찍어내는 송편 덕분에 다시는 먹기 힘들어진 제각기 다른 모양의 쫄깃한 송편들. 왠지 이런 추석 정경들이 우울하고 슬퍼서 추석 엘레지를 썼는지도 모르겠다.

어머니는 결국 집에 못 오시고 말았다. 추석은 집에서 지내길 간절히 바랐지만 갑자기 상태가 나빠져 링거바늘에 묶인 채 못 오시고 말았다. 아픈 허리를 동그랗게 구부리고 앉아 차례음식을 간수하시던 시어머니가 안 계신 시댁은 삭막했다. 무엇보다 추석 때 한 번도 빠진 적이 없는 홍어전 없이 차례를 지내게 된 것도 아쉽고 서글펐다. 그동안 시댁에서 진하게 배어나던 퀴퀴한 홍어 냄새가 사무쳤다. 그 불편하고 언짢았던 냄새가 어머니의 건강함이었고 어머니의 안전함이었고 명절의 냄새였던 것일까. 어머니의 부재와 홍어냄새의 부재는 똑같은 무게의 비애로 다가왔다. 동서가 마련한 조촐하지만 빠진 것 없는 음식들이 차례 상에 올려졌다. 음복 때 내 입 속에 알밤을 넣어주시던 어머니의 살뜰함이 그리웠다. 오독오독 식감이 기분 좋던 생률이 생각났지만 오늘은 찐 밤이 대신하고 있었다. 그것마저 아쉬웠다. 어머니가 앉았던 밥상의 넓이만큼씩 서운해 하면서 조용히 아침을 먹었다. 술 한 병만 달랑 들고 남자들은 성묘를 떠났다. 어머니가 계셨으면 성묘 음식을 미리 챙겼을 텐데 모두들 건성건성인 듯싶었다.

작은 방에 어머니의 옷이 가지런히 걸려 있었다. 그다지 화려하지 않은 어머니였는데 생각보다 분홍색 옷이 많았다. 팔십이 훨씬 넘은 어머니도 여자가 분명했다. 매듭으로 묶어 모아둔 크고 작은 검정 비닐봉투가 커다란 봉투에 가득했다. 어머니의 쇼핑의 흔적이었다. 주변에 왕성하게 거래되는 노점이 즐비했는데 어머니의 유일한 즐거움인 듯 이곳에서 대부분의 생필품과 그릇 따위를 사는 듯했다. 때론 유치한, 때론 귀여운, 때론 너무도 세련된 디자인과 색깔의 접시와 냄비, 그리고 소쿠리들이 뒤섞여 주방이 꽃밭처럼 화사하다. 어머니는 처음엔 다리 골절로 입원했었다. 정작 깁스했던 다리는 다 나은 듯한데, 넉 달째 병원에서 온몸을 앓고 계셨다. 보라색 산뜻한 소쿠리를 보니 갑자기 어머니가 간절하게 보고 싶었다.

병원으로 가는 길은 정갈한 골목길 연속이었다. 어머니와 투표를 했던 동사무소를 지나고 함께 자장면을 먹었던 작은 중국집을 지났다. 병원은 바닷속처럼 가라앉아있었다. 청소부들도 가만가만 움직였다. 어머니가 나를 보더니 갓난아이처럼 웃었다. 틀니를 빼버린 어머니의 입속은 장미꽃 같은 웃음이 한가득이었다. 피검사를 너무 많이 했다고 내게 하소연하며 바늘 자국 무수한 손등을 내보였다. 손등이 푸르스름했다. 피멍 진 그 푸른 손등이 어머니의 고통을 말해주는 듯했다. 어머니는 몸속에서 자꾸 쥐가 난다고 했다. 그 말이 무슨 뜻인지 알 것도 같고 모를 것도 같았다. 병실엔 어머니 말고도 추석에 집에 못 간 환자들이 여럿 있었다. 어머니께 잡수고 싶은 것 없냐고 물었더니 뜻밖에 두유가 먹고 싶다고 하셨다. 추석에 문을 연 가게가 없었다. 병원 주변을 몇 바퀴 돌아 다시 처음 가게로 왔을 때 가게 문이 열려 있었다. 두유로 마른입을 적셔주니 어머니는 기분이 좋아지신 듯 바쁜데 그만 가보라고 자꾸 손사래를 치신다. 병원에서 나오니 햇빛이 찌르듯 대들었다. 실눈을 뜨고 하늘을 올려다보니 아직 더위는 남았지만 가을이 완연했다. 어머니는 두 계절을 병원에서 보낼 듯하다.

동서들은 예약된 펜션과 밤 크루즈에 들떠서 점심도 안 먹고 여수로 떠났다. 난 남은 음식을 싸가지고 집으로 왔다. 해 질 녘 딸과 극장에 갔다. 세상 사람들은 다 극장으로 모인 듯 그 넓은 주차장과 그 많은 상영관이 온통 사람, 사람뿐이었다. 다 함께 모여 먹고, 놀고, 웃으며 즐거워야 할 추석이 개별로 따로따로 밖에서 먹고 노는 듯해 쓸쓸했다. 추석은 언제부턴가 손님접대의 분주함이나 음식의 간이 문제가 아니라 영화관 인파에 짜증을 내며 팝콘을 사기 위해 긴 줄을 서고 밀리는 주차장에 피로함을 느끼는 날이 되어 버린 듯하다. 다시, 추석의 쓸쓸함을 쓴다.

해피트리

나는 화초 키우는 일엔 소질이 없다. 아니 소질이 없는 정도가 아니고 그냥 내게 화초가 오면 거의 죽는 수준이다. 오죽하면 내 특기가 화초 죽이기일까. 그래서 누가 화분 선물을 하면 반가움보다 부담스럽다. 아무리 작은 화분이라도 받는 순간 큰 짐이 되어버린다. 그래서 화초 잘 키우는 사람이 대단해 보인다. 난 우선 자잘한 화분으로 그득한 베란다가 싫다. 여기저기서 들쑥날쑥 어지럽게 뻗어나는 식물들이 도무지 예쁘질 않다. 죽이지 않고 키워야 한다는 강박과 노동력 때문에 숨이 막혀서인지도 모르겠다. 그나마 내가 원하는 화분은 잎사귀가 크고 키가 큰 나무들이다.

우리 집엔 세 개의 화분이 있다.

해피트리, 뱅갈고무나무, 스킨답서스.

이사 선물로 여동생이 사준 암녹색 화분의 키 큰 해피트리는 무성한 잎을 달고 거실 창가에 수호신처럼 서 있어 든든하다. 넓적한 잎사귀를 뽐내며 멋진 분위기를 내는 또 하나의 화분은 오래된 친구의 선물인 뱅갈고무나무다. 친구가 보고 싶을 때 한 번 더 바라보는 애틋한 나무다. 그리고 현관 앞이 너무 허전해 우리 집에 오는 사람들을 환영하는 의미로 작은 화단 삼아 걸어둔 스킨답서스다. 그것은 생명력이 대단해 몇 번을 감아서 늘어트려도 계속 길어나 마치 초록의 폭포 같다. 처음엔 물 주는 날짜를 달력에 적어두고 신경을 썼다. 영양제도 꽂아주고 웃자란 가지도 잘라주고 누가 보면 제법 전문가처럼 화분을 돌봤다. 피곤할 때 녹색 잎을 바라보는 건 거의 위안이었다. 사람들이 왜 집안에 화초를 두려 하는지 이제 알 것 같았다. 어느 때부턴가 물 주는 걸 자주 잊게 됐다. 화분과 눈이 마주치는 날 깜짝 놀라 성의 없이 물을 부어주는 때도 있었다. 그래도 해피트리는 무성하고 푸르러서 온 집안이 녹색으로 편안했다. 크리스마스 땐 해피트리에 트리 장식을 하기도 했다. 그야 말로 행복한 나무였다

해피트리 주변에 누런 잎사귀가 하나 둘 떨어지기 시작했다. 처음엔 대수롭게 생각하지 않고 나뭇잎을 쓸어냈다. 차츰 화분 주변이 떨어진 나뭇잎으로 수북했다. 이젠 가지도 뚝뚝 떨어져 내렸다. 나뭇잎 뒷면을 보니 검은 무늬가 가득했다. 병이 난 게 분명했다. 계속 떨어지는 나뭇가지로 나무는 볼품없이 멋진 모습을 잃어가고 있었다. 해피트리가 죽으면 내게 불행한 일만 생길 것 같은 조바심에 틈만 나면 화분 옆에 서 있었다.

어느 날이었다. 죽어가는 나뭇가지 한쪽에서 반짝이며 어린 새순이 뾰족뾰족 올라오고 있었다. 신기했다. 나무가 휑하니 메마른 몸통을 드러냈다. 세심하게 새순을 관찰했다. 세상에! 새순은 놀랍게도 빠르게 자랐다. 며칠 사이에

어린잎이 반짝이는가 싶더니 온 나무에 잎이 무성해졌다. 마치 동물들 털갈이하듯 나무는 제 모습을 찾아 다시 창가가 푸르렀다. 난 안도했다. 해피라는 이름을 가진 나무는 반드시 살아야 했다. 예전에도 그랬던 것 같다. 행운목이란 나무가 있었는데 행운을 기원하며 잎이 난 나무토막을 물에 적셔 키우기도 하고 키 큰 나무를 화분에 키우기도 했었다. 그렇게 잘 자라진 않았다. 행운목은 불안을 주며 죽어갔다. 나무가 죽으면서 행운을 앗아 갈까봐 우울했던 기억이 난다. 사람들은 행운이나 행복에 약하다. 아니, 행복하지 않은 삶을 살고 있어서 더욱 연연하는지도 모르겠다. 내 해피트리도 행복을 기원하며 골랐고 행복을 가꾸듯 키웠을 것이다. 잎이 다 져버렸을 때 나무가 죽는 것보다 내 행복이 송두리째 없어지는 듯해 더 안타까웠던 것 같다. 사람은 이래서 이기적인가 보다. 나무 하나를 키우면서도 내 삶에 뭐든 기원하며 의미를 둔다. 올 여름 더위는 거의 화염 수준이다. 창문을 열어 바람을 맞아들이는 게 아니라 열기가 안으로 들어올까 봐 방화셔터를 내리 듯 창을 거의 열지 않았으니 말이다. 그 뜨거운 창가에 다시 해피트리가 의연하게 서서 초록의 숲이 되어 그늘을 만들고 있다. 폭염에 휘둘린 무시무시한 올 여름 그나마 해피트리 덕분에 행복한 여름이었던 것 같다. 부활의 의미로 해피트리는 내게 더 소중한 나무가 됐다.

은혼식

2

극복해버려!

벌써 한 달이 넘었다.

봄나들이 갔다가 계단에서 발을 헛디뎌 굴러떨어지면서 크게 다쳤다. 계단이 몇 개 남은 걸 분명 알고 있었는데 어쩌다 넘어졌는지 도무지 이해할 수가 없었다. 창피했다. 평소에 내가 워낙 계단을 조심했었기에 계단에서 넘어졌다는 게 불가사의하기까지 했다. 처음엔 억울했다. 왜 하필 내가 넘어졌을까. 두꺼운 청바지를 입었는데도 무릎이 심하게 찢어진 것도 억울했고 나들이 막바지에 그랬다는 것도 억울했다. 그러나 돌이켜 생각해보니 다 다행스러운 일이었다. 나들이 첫머리에 그랬다면 같이 간 동료들에게 얼마나 민폐였을까. 다행히 마지막 코스에서 일어난 사고였기에

서둘러 일행들과 귀가할 수 있어 덜 미안했다. 무릎이 찢어졌지만 뼈는 이상이 없어 절뚝거리며 걸을 수 있어 얼마나 다행이었는지 모른다. 넘어지는 걸 지켜본 동료들은 이만하길 기적이라고까지 말한다. 골절 없고 얼굴 말짱하고 머리 안 다쳤으니 그나마 불행 중 다행이라고 한다. 아니 하늘이 도왔다고까지 한다. 그러나 그런 말들이 위로가 될 순 없었다. 불편하고 고통스러웠다. 꿰맨 무릎을 구부릴 수 없어 양말도 못 신고 다리를 질질 끌고 다니면서 속을 끓였다. 의사는 입원을 권했지만 모르는 사람들 속에서 받을 스트레스를 생각하니 그것도 도전이었다. 아마 평생 입원한 적이 없는 두려움 탓이었는지도 모른다. 봄도 다 놓쳐버렸다. 이팝나무 꽃이 눈처럼 소복하더니 그새 꽃을 다 버리고 초록 잎이 무성했다. 온몸에 타박상은 마음에 상처까지 주며 푸르스름해졌다. 억울한 마음이 상처를 더 도지게 하는 듯 아프고 쓰라렸다. 나갈 수 없어 사람을 만나질 못하니 우울했다.

사고 즈음 내 마음이 너무 황폐하지 않았나 생각이 들었다. 항상 불에 데인 것처럼 파닥거리며 조급했고 모든 게 불만스러웠다. 무언가에 만족할 줄 모르고 안 되는 것에 대해서만 야속하고 섭섭해 했다. 그리고 버거웠다. 뭔가 내려놓고 싶었지만 나만 낙오되는 것 같아 아깝고 안타까웠다. 갑자기 나보다 낮은 쪽보다 내 위만 바라보며 불평하고 감사할 줄 모르고 산 시간들이 부끄러웠다. 그걸 이제야 깨닫다니. 갇혀서 옴짝달싹 못하고 나니까 소중한 것이 무엇이고 중요한 것이 무엇인지가 비로소 보이기 시작했다. 분하고 억울한 마음이 차츰 옅아지며 감사하는 마음이 생겼다.

"기적은 하늘을 날거나 바다 위를 걷는 것이 아니라 땅에서 걸어 다니는 것이다."라는 중국 속담이 있다. 그간 다리 때문에 한 번도 불편한 적이 없었기 때문에 걷는 것이 이토록 감사한 일인지 예전엔 미처 몰랐다. 어느 작가는 말한다. 감사하지 못하는 사람에게는 기쁨이 없다고. 기쁨이 없다는 것은 결국 행복하지 않다는 것이라고. 여태 누리고 있던 탈 없이 평범했던 것들이 행복이었음에도 불구하고 그걸 모르고 혼자만 불행한 것처럼 발을 동동 구르고 살았던 것 같다. 그런 내가 측은해 몸이 안타까워했나 보다. 그래서 감당할 만한 사고로 나를 깨우쳐줬다고 생각하니 상처투성이인 몸뚱이가 너무 고마워 신음소리 내기도 미안했다.

이제 지독한 상처들은 서서히 아물어 딱지가 생기고 가려움증이 심한 걸 보니 다 나아가는 것 같다. 양말도 못 신게 불편하던 무릎도 낮은 계단을 오르내릴 수 있게 됐으니 거의 회복된 것 같다. 그러나 들쑤시는 뼈의 통증은 견뎌야 하는 일이라기보다 극복해야 할 일인 것 같다. 하긴 모든 지독한 것들은 견디기보다 극복해버려야 상황이 더 빨리 끝날 수 있을지 모른다. 그리고 정말 어떤 일이 힘들어서 어쩌지 못할 때 난 주문처럼 속삭인다.

극복해버려!

물론 극복하기 쉽지 않을 때가 더 많다. 어렵고 힘들거나 바람직하지 않은 상태나 상황 따위를 노력으로 없애거나 좋아지게 하는 게 극복의 정의라면 극복해버리는 것만큼 현재를 행복하게 하는 일도 없을 테니까 말이다.

다짐 여행

연초에 우리 가족은 짧은 여행을 한다. 아니, 여행이라고 할 것도 없는 당일치기 나들이다. 가족이라고 해봐야 남편과 딸, 나 셋뿐이니 크게 야단스러울 필요도 없다. 딸과 내가 바다를 좋아해 툭 트인 바다가 있는 곳이면 어디든 상관없이 떠난다. 가서 그 검푸름에 환호하며 파도 소리를 듣고 천천히 풍광에 취하다가 벅차오르면 한 해의 계획을 이야기하고 그 계획을 잘 이뤄보자는 그야말로 다짐을 하고 돌아오는 여행이다.

새해 첫날, 개성 음식인 조랭이떡국을 끓였다. 조랭이떡이 조롱박 모양이라 잡귀를 물리치는 의미가 있고 조랭이떡 모양이 누에고치 같다고 해서 한 해의 길운을 상징한다고 한다. 또 조랭이떡이 마치 엽전 꾸러미와 닮았다 하여 집안에 재물이 넘쳐나기를 바라는 의미가 있다고 한다. 난 상서롭지 못한 기운을 없애고 운 좋고 유복한 한 해를 기원하는 의미로 조랭이떡국을 끓였다. 매화 문양의 정갈한 대접에 떡국을 담고 정성스레 고명을 얹어 아침상을 차렸다. 조랭이떡국이 모든 액운을 물리치고 길함을 가져다주길 바랐다.

해맞이는 못했지만 조랭이떡국을 먹고 다짐 여행길에 오르니 비로소 새해 아침이란 게 실감이 났다. 자동차 안에 나른한 햇빛이 가득했다. 여행하기 좋은 날씨였다. 금강 하굿둑을 지나 장항으로 가는 길은 전설처럼 낡아 보였다. 쇠락한 카페들이 마치 몰락한 가문 같았다. 테라스에 앉아 바다를 바라보며 찬 맥주를 마셨던 어느 해 여름이 생각났고 크리스마스 트리 옆에서 마셨던 커피 향이 지금도 맡아지는 듯했다. 필리핀 어디선가에서 왔다던 긴 머리의 남자 가수의 검은 얼굴이 잠깐 떠올랐다 사라졌다. 그 멋졌던 카페들은 유령의 성처럼 페인트가 다 벗겨져 몰락의 설움이 더 짙게 묻어났다.

장항의 낡고 낮은 건물들은 전면만 리모델링해서인지 건물 높이는 어쩌지 못한 듯 오종종했다. 건물들에 유난히 ○○다방이란 이름의 찻집들이 눈에 띈다. 촌스럽고 구식 같지만 다정하고 푸근하게 다가왔다. 수리와 단장을 포기해 방치하는 것보다 훨씬 따뜻하고 정다웠다. 고심하며 보존된 건물이나 장소를 만나게 되면 사라져가는 것들에 대한 안타까운 마음이 다소 진정되는 듯 편안해진다. 우리 가족도 올 한 해 어렵고 하찮은 일이라도 포기하며 놓아버리는 일이 없었으면 하는 마음이었다.

생선탕 집엔 북적이는 사람들로 훈김이 났다. 최고의 맛을 자랑하는 소문 그대로였다. 한결같은 맛과 서비스 때문일 것이다. 대를 이어 음식점을 하면서 맛을 고수하는 것도 남다른 소신이 없으면 불가능할 것 같았다. 어떤 유혹에도 흔들리지 않고 굳세게 밀고 나가는 것. 그것이야말로 전통을 만들 수 있는 힘이 아닐까. 흔들림 없는 소신으로 일관하는 한 해도 나쁘지 않을 듯했다.

새만금 방조제는 아득했다. 그것은 개발의 요원함만큼이나 멀고 깊어서 잠깐 우울했다. 해무가 낀 먼 바다가 흐릿했다. 딸은 풍경을 끌어안으며 연신 사진을 찍었다. 남편은 담배 때문인지 잠깐씩 사라지곤 했다. 파도가 바다 본래의 소리를 지르며 밀려왔다 밀려갔다. 뿌연 바다에서 난 간절히 기원했다. 이처럼 흐릿하고 애매한 세상에서 막막해서 숨 막히고 때론 부당한 일에 휘둘려 혼절할 것 같아도 부디 우리 식구들은 더디 분노하며 한발 물러서서 자신을 이길 수 있는 지혜로운 한 해가 되기를—.

세상에서 가장 긴 방조제로 기네스북에 올랐다는 33.9km의 새만금 방조제를 달리면서 지난해의 모든 사악함을 떨쳐버리려는 듯 차창을 넓게 열었다. 차고 상큼한 바람이 답답한 가슴으로 파고든다. 안개가 걷힌 바다에 다시 햇빛이 쏟아진다. 노란 물비늘이 금가루처럼 반짝인다. 한순간에 주변이 환해진다. 그래, 됐다. 저 금가루의 햇빛이면 됐다. 거기엔 소통과 이해와 사랑이란 이름의 반짝임이 있었다.

밥통 확인

요즘 우리 집 부엌이 난리가 났다. 방학을 맞은 딸이 TV에서 쿡테이너가 만든 만능간장을 큰 통에 한가득 만들어 놓고 그 간장을 이용해 10분도 안 돼서 척척 요리를 해내며 엉망으로 어질러놓은 싱크대 때문이다. 거기다 딸이 요구하는 재료를 사다 나르느라 내 어깨 통증이 도지는 중이다. 만능간장의 재료는 신기하게도 다진 돼지고기와 설탕과 간장이 전부다. 그 간장은 이름처럼 만능이어서 무슨 요리든 맛있는 냄새가 진동하며 순식간에 만들어진다. 냄새는 맛을 배반하는 일이 없으므로 대체로 맛도 있다. 숙주나물, 가지나물, 버섯볶음, 감자볶음, 잡채 이런 요리들이 모두 간장 하나로 10분 안에 완성된다. 신기할 지경이다. 심지어

강된장에 싸먹던 호박잎을 만능간장에 파를 듬뿍 넣어 싸 먹으니 그것도 별미였다. 연일 찜통더위에 시달리며 뭘 먹어도 입맛이 없더니 만능간장 덕분에 밥도둑을 만난 듯 과식을 한다.

TV에서 이 프로그램을 처음 봤을 때 너무 놀랐다. 몸에 해롭다는 인식에 독약처럼 여기는 설탕과 식용유를 수저도 아닌 종이컵 분량을 넣어 만드는 요리가 보기만 해도 몸이 상하는 듯해서 놀랐고 요리에 대한 무례함과 무성의에 또 한 번 놀랐다. 그러나 이러한 초간편 요리가 정성이 없다기보다 손맛과 정성의 강박에서 벗어나 양념장 하나로 뭐든 할 수 있다는 메시지로 호응을 얻었다는 호평이 쏟아졌다. 덕분에 요리에 젬병이었던 사람들을 앞치마를 두르고, 싱크대 앞에 서게 만들었다니. 대단한 일이다.

언제부턴가 사람들은 집 밥을 원한다. 집은 있으나 야근이다 모임이다 해서 집 밥을 먹을 수 있는 저녁시간이 없어

져버렸기 때문인가. 유행처럼 집 밥을 원한다. 그러나 집 밥은 유행이 아니라 소원이라고 말한다. 그만큼 간절해서인지도 모른다. 오죽하면 1인 세대들은 굶어서 죽는 게 아니라 인스턴트식품에 죽는다는 말이 생겼을까. 재료를 구입하고 음식을 만드는 데 들어가는 시간과 경비를 생각하면 매식이 훨씬 경제적이다. 그런데도 이런 TV프로에 자취생들이 제일 열광한다고 한다. 주말 한 끼라도 집에서 음식을 만들어 먹으려고 장을 보고 수고스럽게 요리를 한다 하니 집 밥이 소원이라는 말에 공감이 간다.

'밥통 확인.'

어느 날인가 싱크대 문에 붙여진 메모지가 눈에 띈다. 딸의 글씨였다. 밥통의 뭘 확인하라는 걸까. 이유인즉 배가 고파 밥을 먹으려고 밥솥을 열었을 때, 밥이 없는 빈 솥일 때 제일 짜증난다고 수시로 서로 확인해서 밥을 해놓자는 얘기였다. 내용을 알고 난 후 크게 웃긴 했지만 뭔가 씁쓸했다. 갑자기 뿌연 김을 내뿜으며 훈김이 나던 부엌이 생각났다.

집 밥을 워낙 좋아하는 남편 덕분에 진수성찬은 아니라도 우리 식구는 그럭저럭 집 밥을 먹는 편이었다. 그러다가 각자의 일에 쫓겨 아무데서나 편리 한대로 끼니를 때우고 귀가하는 일이 잦아졌다. 어쩌다 먹는 집에서의 식사도 배고픈 것만 면할 수 있으면 꼭 번거로운 밥일 필요는 없었다. 차츰 부엌도 냉랭해졌다. 집에서 저녁을 먹던 딸이 가끔 낭패를 봤던 모양이다. 밥솥에 으레 밥이 있겠거니 생각하고 다른 일에 몰두하다 보면 종종 빈 밥솥이 되기도 했다. 밥통 확인 메모는 효과가 있었다. 수시로 밥솥을 열어 확인하고 밥을 준비할 수 있으니 말이다. 세 식구 살면서 온 식구가 모여 식사하는 게 제일 어려운 일이 되어버렸으니 집 밥이 그리운 건 꼭 일인가족의 소원만은 아닌 것 같다.

어스름 새벽 졸린 눈을 비비며 어머니가 차려준 아침을 먹으면서 통학 기차를 놓칠까봐 초조하게 시계를 보던 옛

날—. 들기름을 발라 김을 굽고 땅속의 동치미를 뜨고 숭늉을 끓이고 온 식구가 다 앉을 때까지 기다리던 저녁상 위로 주황빛 알전구가 뿜어내던 따뜻함이 전설처럼 아득하다. 그 많던 숟가락 젓가락은 다 어디로 갔을까. 그 밥상에 둘러앉았던 부모님과 형제들이 몹시도 그리운 저녁이다.

아버지의 의자

친정어머니가 흔들의자를 버려야겠다고 중얼거리듯 말했다. 벌써 천 번도 더 들은 것 같았다. 집이 좁다는 이유였지만 그 의자를 버린다 해도 거실이 그다지 넓어질 것 같지도 않았다. 난 역정이 났다. 거실에 비해 의자가 좀 커서 답답하긴 했겠지만 그래도 생전에 아버지가 쓰시던 의자가 아닌가. 내게 이 흔들의자는 늘 눈물겨웠다. 아버지가 뇌졸중으로 쓰러지신 후 내가 사드린 의자이다. 돌아가실 때까지 5년을 줄곧 이 의자에서만 생활하셨기 때문인지 의자만 봐도 아버지를 뵌 듯 좋았다. 자신의 불행을 끝내 용서하지 않았던 아버지가 답답하고 안타까워 그땐 자주 화가 났지만 지금 너무도 그립고 보고 싶었다.

아버지는 나와 충청도 여행 중에 충주댐 선착장 휴게소에서 쓰러지셨다. 내가 결혼 전 일이니 벌써 30년이 다 되어간다. 그리고 아버지가 돌아가신 지도 20년이 훨씬 넘었다. 야속한 세월 덕분에 모든 게 기억이 되어버렸다. 세상과 단절하듯 집안의 커튼이란 커튼은 다 내리고 흔들의자에 깊숙이 앉아 분노의 시간을 보내던 아버지의 일그러지고 우울한 모습이 지금도 잊히질 않는다. 그때 아버지가 가장 두려워했던 건 자신을 알던 사람들을 만나는 일이었는지도 모른다. 그 절망의 시간 속에서 아버지는 자주 우셨다. TV 앞에서 울던 아버지는 슬픈 장면보다 감동적인 내용에 더욱 서럽게 울었다. 나는 우는 아버지가 좋았다. 유람선을 타고 소년처럼 즐거워하시던 아버지가 갑자기 쓰러지셨다. 그리고 응급실로 실려가 장례 준비하라는 소리를 듣고 집으로 오셨다. 예순둘이란 어중간한 나이에 반신불수가 되어 말도 어눌하고 몸도 맘도 엉망이었지만, 흔들의자를 스스로 흔들며 자기감정을 맘껏 드러내는 아버지의 정제된 정서가 경이로웠다.

난 친정에 오면 거의 아버지 의자에 앉는다. 내가 사과즙을 떠먹이면 얼굴을 찡그리며 아기처럼 받아먹던 일, 헤어졌던 가족들과 상봉하는 TV 프로그램을 보고, 자신의 일처럼 기뻐하던 일, 요람처럼 흔들리며 낮잠을 주무시던 곳이 이 의자였다. 불편하다는 이유였지만 어머니가 흔들의자에 앉아 있는 걸 한 번도 본 적이 없다. 어머니의 속내는 무엇이었을까. 버린다, 버린다 하면서도 말뿐이었고 냉큼 버리지도 못했다. 철 따라 여름이면 정갈하게 손질한 모시 방석을 깔아 놓고 겨울이면 폭신하게 양털 방석을 깔아 놓았다. 항상 비어 있는 의자는 반질반질 윤이 났고 온기마저 느껴졌다. 혹시, 어머니는 혼자 계실 때 아버지의 의자에 앉아 조용히 흔들리며 아버지와 옛 이야기라도 하고 계셨던 건 아니었을까. 아니면, 어머니가 버리려 했던 건 아버지의 의자가 아니라 문신처럼 지워지지 않는 아버지와의 추억 같은 건 아니었는지—. 그러나 어머니와 비밀이라도 공유하듯 의자는 언제나 무표정했다.

"내가 가져갈게. 아버지 의자."

다음 달에 이사하는 나는 의자를 가져가야겠다는 생각에 선언하듯 말했다.

어머니의 눈이 잠깐 흔들리다 이내 평온해졌다.

"저 구식 의자를 어디에 두려고?"

무심하게 말했지만 안도하듯 간절함이 배어났다. 아무도 모를 것이다. 아버지가 내 앞에서 거짓말같이 쓰러지셨을 때 모두 내 탓인 것 같아 절망과 참담함으로 괴로워했던 피투성이의 시간들을—. 아버지가 돌아가신 후 아버지가 그리워 아버지의 코트를 태우지 못하고 내 몸에 맞게 줄여 입고 다니던 생각을 하면 지금은 아버지를 너무 자주 잊고 사는 듯해 민망하다. 새로 이사하는 집은 남향에 거실이 넓다. 저 낡고 구식인 흔들의자는 있는 듯 없는 듯 하루 종일 햇빛을 받아 나른할 것이다. 난 아버지의 의자에 앉아 아버지를 생각할 것이고 요람처럼 흔들리며 오래전 내게 기쁨을 주고 웃게 했던 아버지를 추억할 것이다.

"느네집 흔들의자 나 주고 가."

갑자기 어머니가 응석 부리듯 말했다.

"……?"

"주고 갈 거지?"

"좁다면서 그 낡은 걸 왜?"

"아버지 생각은 이제 니가 할 거니까 난 니 생각하게……."

결국 그거였나. 어머니의 속내엔 당신이 돌아가시면 아버지 의자를 행여 내다 버릴까 걱정이 된 걸까. 그래서 툭하면 신음처럼 의자를 버려야겠다고 중얼거린 걸까. 이제 맡아줄 사람이 정해져 있으니 마음이 놓여 내 흔들의자를 달라는 건가. 하긴, 버리면 행복한 추억이 송두리째 없어질까 봐 20년도 넘게 끌고 다니며 버리지 못하는 낡은 흔들의자가 내게도 있다. 아쉽고 내키진 않았지만 이번 이사 땐 버리고 갈 작정이었다. 어머니가 가져가신다면 다행이지 싶었다.

"우리 의자가 더 편하고 새 것인데……."

내가 웃었다.

어머니도 웃었다.

웃는 모습이 꼭 모과 꽃 같았다. 그것은 귀엽고 수줍은 연분홍빛이었다.

연어

난 연어를 좋아하지 않는다. 생선을 즐기지 않는 식성이기도 하지만 유독 연어가 싫다. 오렌지 빛을 띠는 불그레한 색깔도 그렇고 물컹한 식감도 싫은 이유 중 하나다. 딸은 연어를 좋아한다. 연어구이, 연어샐러드, 연어초밥, 연어회. 연어를 이용한 모든 메뉴에 열광한다. 뷔페에 가도 연어를 제일 많이 먹는 것 같다. 왜 그렇게 맛있는지, 언제부터 딸이 연어를 먹기 시작했는지 알 수 없지만 딸이 좋아하는 생선이 연어인 것만은 분명하다. 딸이 구이용 연어를 카트에 담으면서 가격이 비싸다고 쫑알댄다. 그래도 가격 때문에 사지 않을 것 같지도 않았고 우울해 보이지도 않았다.

오븐에서 꺼낸 연어는 붉게 번들거려 마치 육류처럼 느껴졌다. 잔가시를 발라내고 데리야끼 소스를 듬뿍 찍어 탐지게 먹는 딸을 물끄러미 바라보며 내가 묻는다.

"연어는 왜 비싼 거야?"

"글쎄…… 알래스카가 멀기 때문인가? 일본에서는 이렇게 안 비쌌던 것 같은데……."

그러고 보니 일본에서 유학하는 딸에게 다니러 갔을 때 딸이 자주 먹던 생선이 연어였던 것 같다. 그제야 생각났다. 딸이 연어를 좋아했던 게 그 무렵이었다는 걸.

"너 혹시 일본에서 연어만 먹었던 게 값이 싸서였니?"

"……슬픈 생선이었지."

"……?"

"근데 맛있기도 했어. 엄마도 먹어 봐. 진짜 맛있어."

가슴이 탁 막혔다. 딸이 연어를 입속에 억지로 넣어준다. 고개를 돌려 외면하다가 마지못해 받아먹었다. 잠깐 목이 메었다. 딸에게 연어는 슬픈 생선이었다. 어린 게 얼마나 경제적으로 고단했으면 이 물컹한 연어를 그렇게 맛있게 먹었을까. 외롭고 쓸쓸한 식탁 앞에서 홀로 연어를 씹으며 연어의 살점만큼이나 힘없고 기운 없었을 딸을 생각하니 갑자기 아득해졌다.

나는 한다고 했고 내가 더 힘들었다고 생각했다. 그러나 저는 저대로 값싼 연어만 먹었다니 저도 힘들었던 건 마찬가지였나 보다. 그게 이유라면 물리고 지겨워서라도 연어를 먹지 않을 것 같은데 딸은 연어를 좋아한다. 아니, 그때의 고생스러움을 생각하며 지금의 안일함을 즐기듯 더 맛있게 먹는 듯했다. 그나마 조금 위안이 됐지만 먹먹함은 풀리지 않았다. 이국의 낯선 땅에서 선택의 여지없이 값이 싸다는 이유로 밋밋하고 비린 것을 벽을 보며 혼자 먹고 있는 딸의 모습이 상처처럼 쓰라렸다. 눈물 같은 게 목구멍을 치고 올라왔다.

연어는 한때 내게 동경의 대상이었다. 산란을 위해 강으로 거슬러 오르는 연어의 노래, 귀족처럼 묘사되는 연어 요리, 한가롭고 고요한 영화 속 연어 낚시, 처음 연어를 접한 건 우습게도 예식장 뷔페에서였다. 설렜다. 소설 속 영화 속에서만 봤던 요원하던 연어를 봤으니 그럴 만도 했다. 생각보다 연어는 맛이 없었다. 비비한 느낌의 역한 비린내를 맡는 순간 한순간에 연어에 대한 환상이 다 깨져버렸다. 맛없음은 배반에 가까웠다. 로맨틱하기까지 했던 연어는 실망의 물고기가 되어 그렇게 날 기운 빠지게 했던 기억이 있다.

딸은 이제 벽을 바라보며 연어를 먹지 않아도 됐다. 나와 마주 앉아 하루 종일 일어난 일을 즐거이 이야기하며 연어를 맛있게 먹는다. 딸에게 연어는 더 이상 슬픈 생선이 아니다.

은혼식

4월의 마지막 주말.

우리 부부는 은혼식을 맞았다. 결혼 25주년이 된 것이다. 나는 내가 대견했다.

내가 젊었을 땐 은혼식의 부부는 거의 노인이라고 생각했었다. 아마 삭아진 세월 탓에 모든 것이 마모돼 차분하고 여유 있어 보이는 모습에 그렇게 느꼈는지도 모르겠다. 서른을 훨씬 넘은 나이에 결혼했던 탓일까 확신할 수 없었던 결혼의 두려움으로 우울한 신혼을 보냈던 것 같기도 하다. 생각해 보니 아닌 걸 사랑하고 견딜 수 없는 걸 견디는 게 결혼생활이 아니었나 싶다. 지금 난 25년 전 결혼식 날 입었던 노랑 저고리 색깔보다 더 경쾌하고 설레는 봄을 맞고 있다. 헐겁게 느슨해진 세월 탓이리라.

평화로운 듯 의연함을 가장하고 있던 우리 집은 밑으로 두 동생이 나 먼저 결혼하게 되면서 늦은 내 결혼 걱정으로 암울함을 드러내고 있었다. 서른 넘은 미혼의 여자는 상처가 있거나 원만하지 못한 성격의 소유자로 보면서 분석하기 좋아하고 따지기 잘하는 신경질적인 여자로 치부해 버리는 시절이었다. 정작 본인은 괜찮은데 주변에서 법석을 떨며 안타깝다는 듯 혀를 찼다. 난 내가 미혼이라는 걸 아는 사람이 많은 곳이 싫어졌고 늦은 결혼을 상관하는 사람들에게 염증이 났다. 친정어머니는 주변에서 딸 여읜다는 청첩장을 받으면 울렁거리는 가슴을 진정하지 못해 몸져누웠고 식장엔 자연스럽게 가지 않았다. 기 많고 자존심 센 어머니가 할 만한 일이었다. 그리고 그 화살이 언제나 세상의 총각들에게 날아갔다. 당신의 예쁜(?) 딸을 못 알아본다고 핀잔이었고 눈에 명태 껍질을 뒤집어썼느냐며 독한 소리를 해댔다. 어머니의 숯검뎅이 가슴과 질식할 것 같은 내 가슴이 피투성이가 되는 순간들이었다.

어머니가 중매쟁이에게 날 내놓기 시작했다. 내 짝이 누가 될지 모르니 지리산 중만 빼고 맞선을 다 봐야 한다고 날 몰아세웠다. 결국 난 어머니 친목계원 조카하고 맞선을 보게 됐다. 첫눈 오는 날 결혼 적령기(?)를 놓친 내 무능에 진저리를 치며 선을 봤던 기억이 난다. 나보다 한 살 많은 노총각은 다른 사람과 달리 왜 지금까지 결혼을 안 했냐는 질문을 하지 않아 일단 호감이 갔다. 내가 쓰레기통을 발로 차며 화를 내도 그걸 기꺼이 받아 줄 것 같은 묵직한 사람이었다.

난 4월의 신부가 됐다. 나와 어울리는 결혼이 어떤 결혼인지 몰라도 사람들은 나와 어울리지 않는다고 수군댔다. 쓰레기통을 받아 줄 것 같았던 남자는 생각보다 보수적이었고 묵직함이 무뚝뚝함이었다는 걸 깨닫는 순간이 잦았다. 맙소사! 남편은 육이오 세대쯤 되는 듯 내 감성을 철없음으로 매도하는 현실적이고 삭막한 사람이었다. 결혼 후 내가 자주 울었던 건 남편이 나와 너무 달라서였다. 날 함부로 하는 건 아니었는데 그냥 너무 다르다는 게 항상 허전했다 식성은 물론 음악, 취미, 뭐 하나 나와 공유할 수 있는 게 없었다. 그때마다 신혼살림이 들어오던 날 깨진 화장대 거울이 생각나 언짢았다. 파경의 불길함에 때때로 공포스러웠다. 한편으론, 살아오는 내내 깨진 거울이 내 미숙했던 결혼 생활을 지켜준듯해 안도했다. 깨진 거울에 휘둘려 당할 순 없어서 목을 높이 쳐들고 단호하고 의연한 척 내 자신을 포장한 적도 많았다. 거울이 깨졌던 건 배달원의 부주의였을 뿐이고 내 결혼과 무관한 일이라고 끝없이 최면을 걸며 위기를 넘겼던 것 같다. 난 포기할 수 없는 몇 가지를 위해 노력했다. 장미를 꽂은 크리스털 꽃병이 놓인 식탁과 사철 쾌적한 온도를 유지하는 집과 진한 커피와 스위츠를 먹는 달콤한 시간들. 그리고 주말에 딸을 데리고 공원을 산책하고 사진을 찍고 주변 풍광에 감동하는 사소한 즐거움을 누리는 일에 만족했다. 영화나 음악회가 끝나고 저녁을 먹고 돌아오는 일이 유일한 사치였던 그 시절은 명화 프린트를 사서 걸어도 뿌듯했다. 행복한 사람은 시계를 보지 않는다는데 그즈음 난 시계와 달력을 자주 봤다. 시간이 빨리 빨리 가버려 딸이 학교에 가고 내가 좀 더 무뎌지고 남편을 더 이해하고 포기하고 내려놓고 싶었다. 행복하지 않은 시간들이 흘러가고 있었는지도 모르겠다.

고영민의 〈그늘〉이라는 시에 이런 구절이 있다.

> 식구가 되기 위한 꼭 그만큼의 여물어진 시간과 눈짓, 오늘도 제 마음을 다 준 강아지는 배를 걷어차여도 어머니의 꽁무니를 졸졸 따라다닌다.

주인이 달라진 강아지가 새 주인에게 마음을 여는 과정의 시다. 새집에서 시간과 눈짓이 익을 때까지 강아지가 견뎌야 했을 두려움과 외로움의 그늘이 느껴지는 시다. 내 지난 25년도 제 마음 다 줄 때까지 식구가 되기 위한 꼭 그만큼의 여물어진 시간과 눈짓, 두려움과 외로움이 녹아들어 믿음으로 변하는 순간들이 뭉쳐진 시간들이 아니었을까.

딸이 골라준 귀걸이와 반지를 끼고 점심을 먹으면서 남편을 본다. 내 접시 위에 잘 구워진 장어를 올려만 놓지 끝내 입속에 한 조각 넣어주지 않는다. 긴 세월 무심함과 덤덤한 건 여전하다. 때론 달콤한 허풍이라도 떨며 수선을 피워도 좋으련만 굳세게도 변함이 없다. 그 변함없음 덕분인지 그의 마음은 아직도 순금이다. 그런 것들로 상처받았던 시간들이 부질없이 느껴졌다. 침묵이 답답하고 덤덤함이 숨 막히던 내 푸른 날들을 보상이라도 하듯, 이즈막 정중동 靜中動의 고즈넉함으로 이어가는 시간들이 넘치지 않는 잔처럼 안정되고 차분하다. 은혼식에 느끼는 건 평화였다. 소용돌이치며 끓던 것들이 잦아지는 화력으로 뭉근해지는 이치 같은 것이라고나 할까. 나뭇잎 색깔이 아직은 연한 초록이어서 생각마저 나긋나긋 순종적이 되는 이 계절에 난 생각한다. 아무런 다짐도 없이 건너기 시작했던 결혼이란 강을 25년 동안 상처와 영광으로 자랑스럽게 건너왔으니 참으로 아름답지 않은가. 모든 걸 알아버리고 이해하게 된 지금부터 시작될 25년은 또 얼마나 멋지고 위대한 시간이 될 것인가. 그건 온전히 내가 만들어야 할 또 다른 내 몫의 시간일 것이다. 벌써부터 나의 금혼식이 잡힐 듯 가깝게 다가온다.

집으로 가는 길

지난겨울.

그 즈음 나의 귀갓길은 지난했다. 그곳으로 이사를 대비해서 평생 가지지 못할 것 같았던 운전면허도 취득했고 연수도 받았지만 자동차와 난 여전히 어쩔 수 없는 사이인 것 같았다. 출근길, 주차장에 서 있는 차를 외면하고 도망치듯 버스 정류장 쪽으로 가고 있으니 말이다. 남편의 차로 출근하는 것도 자잘한 일들과 갈등하는 것으로 소모적인 건 마찬가지였다. 버스를 환승해서 집으로 가는 길은 멀고 길었다. 나의 숨 가쁨을 지켜보던 주변 사람들은 혀를 차며 운전을 부추기지만 자동차만 생각하면 체증 있는 사람처럼 가슴이 답답하고 우울했다. 나의 우울은 오래 걸리는 귀가

시간이 아니라 차를 운전해야 하는 쪽에서 오는 듯했다. 내게 그 큰 기계 덩어리가 맡겨진다고 생각하면 엄습하는 공포심으로 머릿속이 하얘지는 듯했다. 버스의 시간적 소모와 야속하게 오지 않는 택시를 기다리는 일, 집으로 가는 길은 고단해서 동강 날 것 같았지만 그럭저럭 시간은 갔다.

버스도 익숙해져 느긋이 창밖의 풍경에 마음을 빼앗기기도 하는 여유가 생겼다. 어느 날인가, 낯익은 정경이 눈에 들어왔다. 층층 높은 곳에 잔디가 보이고 울타리처럼 나무가 서 있는 낯설지 않은 저곳이 어디였더라 —.

'이번 정류장은 ㅇㅇ 공원묘지입니다.'

마침 버스 안내 방송이 들려왔다.

아, 아버지!

정신이 번쩍 났다. 그래 아버지 산소였다. 아버지는 깊고 낯선 선산을 싫어 하셨다. 우리는 가깝고 다니기 편한 이곳 공원묘지에 아버지를 모셨었다. 이십 년도 훨씬 전 그때만 해도 이 동네는 공원묘지가 생겨도 좋을 만큼 외곽이었는데 계속되는 도시 개발로 주거 지역과 같은 동네가 되어가고 있었다. 그러고 보니 작년인가 시청으로부터 공원묘지를 시민공원으로 조성한다고 묘지를 이전하라는 공문을 받았던 생각이 났다. 이곳과 반대쪽에 살 때는 아버지 산소가 너무 멀게 느껴져 혼자서는 가 볼 엄두도 내지 못했었다. 아무리 아버지가 보고 싶어도 누가 데려다 주지 않으면 못 가볼 아버지 산소였다.

아버지, 아버지, 가슴이 저렸다. 이렇게 가까운 곳에 아버지가 계셨다니—.

매일 지나고도 몰랐다니 민망하고 설렜다. 묘지 주변엔 삘기가 지천이었다. 찔레 순을 따 먹으며 좁은 돌계단을 내려오다 보면 작고 노오란 들꽃들이 어지럽던 그곳에 못 가본 지도 벌써 몇 년째다.

버스가 왔다.

난 재빨리 왼쪽 창가에 앉았다. 아파트 숲을 벗어나 몇 구간을 더 가면 공원묘지가 나온다. 멀리 아버지 묘지가 보인다. 난 손을 낮게 올려 조용히 손을 흔들었다. 아무도 내 손동작을 눈치채지 못하도록—.

'날씨가 참 좋아요 아버지—.

잘 지내시죠?

아버지 매일 볼 수 있어 좋아요.

제 걱정은 마세요. 이젠 안 울어요.'

난 이것저것 조용히 속삭이며 아버지와 짧게 회포를 풀었다. 버스가 떠나면 묘지가 안 보일 때까지 고개를 돌려 아버지와 작별한다. 버스가 너무 밀려 소란스러울 땐 깜빡 묘지 인사를 놓칠 때도 있지만 아버지는 분명 보셨을 것이다. 아니, 혼자 손을 흔들고 계셨을지도 모른다.

차창 밖 아버지 묘지로 올라가는 길이 구름처럼 핀 벚꽃으로 꽃 대궐을 이룬다.

신도시는 자욱한 먼지와 소음으로 허허롭고 아득했다. 미완성의 모든 것에서 뭔가를 기다리는 기분이랄까. 버스를 기다리는 것도 그랬다. 버스가 오는 길은 하염없고 적막

했다.

난 즐거이 기다렸다. 버스를 기다리는 것은 아버지와의 만남을 기다리는 것이었고 다시 집으로 가는 시간을 기다리는 것과 같았다.

진짜 매화보다 더 진짜 같은 모조매화를 분 가득히 피워 놓고 아버지의 낡은 의자(이사 할 때 친정에서 아버지가 쓰시던 흔들의자를 가져왔다.)에 앉아 샘 쿡의 오래된 노래들을 듣는다. 눈물겹게 찬란한 나의 봄맞이는 그 꽃이 조화라도 기쁘다. 아직 삼월인데 목련은 다 떨어져 눕고 난 성급하게 반소매 옷을 빨아 널고 있다. 흔들리는 버스에 어지러움을 느끼며 집으로 돌아온 난 이런 식의 봄맞이가 넘침이 없어 좋다. 먼지가 꽃가루처럼 날리는 이 미완의 도시에서 아직은 기다려야 할 것들이 너무 많다. 난 소망한다. 부디 이 집에서 꽃이 필요한 날이 많아지는 축제 같은 나날이 이어지기를—.

통영을 위하여

과연 난 식민지적 인간인가.

'실패한 경험보다 도전해 보지 않은 비겁함.'

'오지도 않은 미래를 걱정하다 중요한 현재를 놓치는 아둔함'

이런 문구들이 날 괴롭히기 시작했던 건 내가 두렵다는 이유로 운전하기를 포기한 후였다. 바퀴 달린 것은 숙명처럼 나와 어울리지 않았다. 자전거. 롤러 블레이드 유모차 하다못해 마트에서 끄는 카트마저 나에겐 바퀴 달린 공포의 물건이었다. 그러니 자동차는 오죽하겠는가. 그나마 내가 늦게라도 면허를 취득할 수 있었던 건 외곽으로 이사 계획도 있었지만 생기지도 않은 외손녀를 내 손으로 멋지게 키워보겠다는 생각 때문이었다. 소아과에 다녀오고 놀이방에 데려가고 데려오고 인형극장이나 그림 전시회 같은 문화공간을 다닐 수 있겠다는 생각에 부풀어서 평생 가지지 못할 것 같던 운전면허를 땄다. 운전면허를 땄다는 게 남들에겐 쉽고 하찮은 일일지 몰라도 내겐 그야말로 기적 같은 일이었다.

운전연수를 받으며 설렜다. 손녀딸과 놀이공원에 가서 커다란 풍선을 들고 회전목마를 타고, 작은 짐을 꾸려 소풍도 갈 작정이었다. 들꽃과 풀들의 이름을 가르쳐주고 자연의 경의를 느끼게 해주고 싶었다. 딸은 결혼할 생각도 안 하는데 있지도 않은 외손녀 키우는 꿈에 부푼 한심한 할머니의 환상이었다. 일주일이 지났는데도 차선을 바꾸는 건 물론이고 커브의 감을 몰라 핸들을 너무 많이 꺾어 위험했다. 기본적인 주차도 못하는 나의 둔함에 실망한 나머지 절망스럽기까지 했다. 연수 교사는 공부에도 우등생이 있고 열등생이 있듯이 면허 취득자들도 개인차가 있다고 위로했지만 브레이크와 엑셀 구분이 안 되는 상황에서의 공포를 못 이겨 끝내 연수를 그만두고 말았다.

내 주변에 외손녀 봐주는 멋진 여자가 있다. 예쁘게 차린 모습이 마치 늦둥이 키우는 엄마처럼 화사하고 상큼했다. 할머니가 느껴지지 않는 외모에 시선이 끌렸다. 아기는 언제나 은가락지처럼 깨끗하고 환했다. 아기자기한 머리장식이며 정갈한 옷차림이 도무지 할머니라 하기엔 너무 젊고 꽃다웠다. 은가락지 손녀 차림새도 젊은 엄마들 못지않았다. 더 부러운 건 언제나 자동차에 손녀를 태우고 다닌다는 것이었다. 난 샘이 났다. 거의 질투의 감정 같은 샘이었다. 그리고 시집갈 생각은 고사하고 아직 공부도 안 끝난 딸이 살짝 원망스러웠다. 늦게 본 무남독녀 외딸이기에 일찍 혼인시켜 외손자라도 빨리 보고 싶었던 내 구식 생각이 민망하기도 했다. 그래, 혼인은 정해진 게 아니지. 갑자기 이루어지는 게 혼인이기도 하지. 누가 알겠는가. 내일이라도 결혼할 사람이 있다고 선언할지 말이다. 운전면허도 없는 난

바짝 욕심이 생겼다. 딸은 결혼해서도 계속 일할 것이고 바쁠 것이다. 물론 육아는 혼자서는 엄두도 못 낼 일이어서 나에게 구조 요청이 들어올 게 분명했다. 남은 인생 손녀를 키워주는 것도 괜찮겠다 싶었다. 어디 남의 손만 하겠는가. 그 옛날 딸을 키우 듯 내가 키우고 싶었다. 아기 키우는 데 차가 있으면 모든 게 편리해 신세계가 따로 없을 듯했다. 딸을 키울 때 내가 운전할 줄 알았더라면 딸이 좀 더 정서적으로 누리는 게 많았을 것이다. 바쁘고 어디 다니는 걸 싫어하는 남편 차 얻어 타면서 눈치보느라 쩔쩔매던 어리석었던 시간들이 너무도 아까웠다. 손녀딸은 내 옆에서 문화적이고 정서적으로 성장할 것이고 차를 끌 수 있는 난 답답함에서 해방될 거란 생각에 가슴이 쿵쿵 뛰었다. 가지 않겠다는 남편을 졸라대며 사정할 것 없이 자주적으로 살 수 있었더라면 지금보다 훨씬 나은 삶을 살 수 있지 않았을까. 남편은 나의 무딘 신경을 염려해 운전을 더욱 말렸다. 차라는 건 운전기사가 있음 더 좋고 아니면 남편이 데려다주고 데리러오는 것이 행복한 삶이라고 생각했던 때가 있었다.

그릇된 생각의 시간들 때문에 나이 든 나의 삶이 고단해졌다고 생각하니 참 후회가 된다. 내가 좀 더 빨리 깨달았더라면 남편 눈치 보며 그토록 식민지적으로 살지 않았을지도 모른다. 나의 이런 못난 시간들이 후회가 될수록 딸은 이렇게 살지 않길 바랐다. 누군가 부추기고 다그쳤더라면 일찍 차를 끌 수 있었을지도 모른다. 딸이 미성년자에서 벗어났을 때 딸을 끌고가다시피 운전면허 학원에 등록하고 면허를 따게 했다. DNA는 어쩔 수 없는 걸까. 어릴 때부터 위험하다는 이유로 바퀴 달린 걸 타지 못하게 했던 딸 역시 연수를 일주일 이상 받고서도 차를 끌지 못했다. 아니 대중교통이 편하다고 차를 끌 생각보다 버스와 택시를 이용했다. 유학시절 어렵게 자전거를 배워 탄 적이 있는 딸이기에 은근히 기대했던 난 실망스럽고 화가 났다. 나처럼 못난 시간을 반복할 것 같아 두렵기까지 했다. 저 키울 때처럼 고생시킬 손녀딸이 안쓰러워 그런 생각을 했는지도 모른다.

딸은 통영을 좋아했다. 너무 가보고 싶어 했는데 스물여

섯이 된 지금까지 한 번도 가보지 못했다. 난 문학기행이든 친구와의 나들이든 통영을 여러 번 갔다 와서인지 큰 동경은 없었는데 딸은 통영을 그리워했다. 동피랑마을의 동화 같은 벽화, 정갈한 맛이 무엇인지 말해주는 성게비빔밥, 남해의 봄이 다 빠져 있는 도다리쑥국, 전설 같은 청마의 생가, 고향에서 안식하는 박경리 문학관, 묘소. 대중교통을 이용하면 당일에는 어중간한 시간이 되고 마는 게 전주에서 통영의 거리다. 일박 이일을 하면서 가기엔 뭔가 항상 시간이 맞지 않아 결국은 못 가고 말았다. 그토록 가보고 싶은 통영을 위하여 차를 끌라고 협박을 했지만 딸은 차를 끌 생각을 안 한다. 딸은 아직도 통영을 못 가고 있다. 차를 못 끄는 날 바라보며 답답하고 속이 상해 항상 혀를 차는 친정어머니 심정을 이제야 알 것 같다. "노인도 끄는 차를 뭐가 부족해서. 쯧쯧." 내가 차를 끌 수 있었다면 친정어머니도 우리 딸도 내 삶도 한층 격이 있지 않았을까. 외손녀 보기 전에 딸보다 내가 먼저 차를 끌어야 될 텐데……. 그 큰 쇳덩어리가 아니, 그 복잡한 기계가 덜컥 내게 맡겨진다고 생각하면 가위가 눌린 듯 두려워 외손녀와의 신세계도 어디론가 사라져버린다. 과연 난 딸이 결혼해서 아이를 낳을 때까지 차를 끌 수 있을까. 아니, 꼭 끌고 말 것이다. 나의 외손녀를 위하여—, 딸은 반드시 차를 끌어야 할 것이다. 검푸른 바다 냄새를 맡고 달아공원의 노을을 보고 감동하여 돌아올 수 있는 시간의 통영을 위하여—.

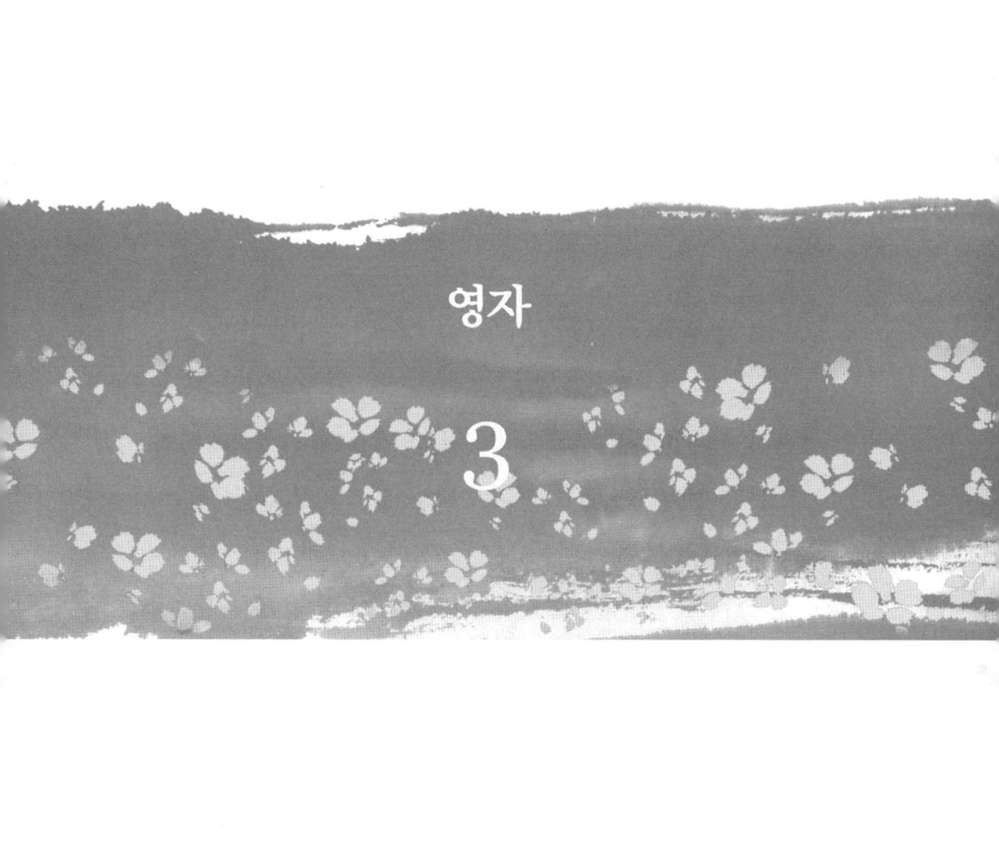

영자 3

가을을 보다

올 일월 무주에서 사과나무 두 그루를 분양받았다. 껍질째 아삭아삭 먹을 수 있는 홍로와 저장이 용이한 부사 두 종류였다. 요즘은 주말 농장이다, 유기농 체험이다 해서 채소든 과일이든 직접 가꿔 수확하는 걸 재미로 삼는 사람이 많다. 딸과 이런 체험을 꼭 해보고 싶었는데 여건상 잘 되질 않아 한 번도 못 해봤다. 그래서 사과라도 직접 따보고 싶어 신청했었다. 인터넷에서 사과나무를 신청할 때만 해도 사과 밭으로 소풍을 자주 갈 생각이었다. 사과 꽃 피는 것도 보고 풋사과 모습도 보고 탐스럽게 농익은 사과를 바라보며 각박한 일상을 위안 받고 싶었다. 그러나 생각한 대로 시간이 나질 않았다. 꽃 피는 시기도 놓쳐버려 연분홍

사과 꽃과 앙증맞은 풋사과는 상상이나 할 뿐, 때때로 무주에 우리 사과나무가 있다는 것조차 잊고 지냈다.

9월 중순 사과농장에서 사과 수확 날짜를 알려왔다. 맙소사. 벌써 사과가 익었구나. 갑자기 우리 사과가 너무 궁금했고 그동안 무심했던 시간이 후회되고 민망했다. 그래서 여행하듯 야단스럽게 사과 밭으로 떠났다. 사과나무엔 붉고 커다란 홍로가 가지가 휘도록 주렁주렁 달려 있었다. 딸아이 이름을 달고 서 있는 사과나무에 유달리 탐진 사과가 많이 열린 듯해 뿌듯했다. 그 작고 연한 꼭지에 그렇게 큰 사과가 매달려 떨어지지 않는 것도 신기했다. 사과 따기는 쉬운 것 같았지만 생각보다 조심스러웠다. 쟁반 위에서만 보던 사과가 나무에 달려 있는 게 생소했다. 난생처음 따보는 사과가 보배롭고 벅찼다. 환호성을 지르고 깔깔대며 사과 따는 모습을 카메라에 담아 친구들에게 전송하며 신이 났다. 사과 50킬로를 수확했다. 사과농사는 대체로 풍년이었다. 내가 직접 농사를 지은 듯 자랑스러웠다. 그중 크고 좋은 사과를 골라 형제들과 지인들에게 보내고 못난이 사과가 내 차지가 됐다. 이상하게 아깝다는 생각이 들지 않았다. 그래서 농부들 마음이 넉넉한가 싶었다. 좋은 건 남 주고 싶은 것이 농부의 맘인가 보다.

시월의 마지막 날 부사를 수확하는 날이었다. 두 번째라 큰 시행착오는 없었다. 가물어서인지 사과가 그다지 크진 않았지만 지난번처럼 50킬로 정도 땄다. 대체로 만족스러웠다. 지난번 아쉬웠던 지인들에게 조금씩 나누고 홍로와 달리 저장성이 좋은 부사라서 냉장고에 서른 개쯤 넣어놓으니 세상을 다 얻은 듯 흡족했다. 사과나무 체험은 근사한 경험이었다. 농부의 고충을 알게 됐고 나눔의 기쁨을 맛봤고 수고한 만큼 돌려주는 땅의 정직함을 알게 됐으니 말이다. 그리고 두 그루에 달랑 이십만 원 입금했을 뿐인데 온 정성으로 내 사과나무를 돌봐 준 농부님께 감사와 경의를 표한다.

요즘 우리 베란다엔 농장주 못지않게 먹을거리가 많다. 초여름에 담근 매실청, 사과밭 주변에서 구입한 표고, 친구가 보내준 대추, 지인이 보내 준 호박고구마, 유기농이라 안심하고 구입한 대봉, 햇빛 아래 쪼글쪼글 말라가는 대추는 삼계탕과 겨울 차에 쓰일 것이고 마른 표고는 생 표고보다 비타민D가 몇 배 많다고 하니 햇빛을 먹는 거나 다름없을 게다. 호박고구마의 달달하면서 푸근하고 편안한 맛은 몸에 약이 될 듯하다. 햇빛이 가득한 홍시는 선홍빛으로 더욱 붉어져 투명하다. 아직 덜 익은 대봉을 간격을 두고 나란히 놓는다. 잘 익어서 부드럽고 말랑해진 홍시를 빨리 골라내기 위해서다. 행여 터질세라 아기 다루듯 감을 간수한다. 큰 농사라도 지은 것처럼 이것들과 겨울을 날 것을 생각하니 정작 농사는 남이 지었는데 수확의 기쁨은 내가 다 누리는 듯하다. 비록 샀거나 얻은 것들이지만 이 풍성함은 농부 진배없다. 힘겨운 대가를 꼭 돌려받는 게 농사인 듯 수고로움에 보답하는 이 푸진 것들이 너무 사랑스럽다. 내가 딴 사과를 껍질째 베어 물고 홍시가 돼가는 대봉을 손으로 꾹꾹 눌러 보기도 하고 쪼글쪼글 가벼워지는 대추를 들여다본다. 그 속에 가을이 다 들어앉은 듯 풍요로움으로 나른하다. 천지가 가을이건만 난 작고 빠듯한 베란다에서 이 다정한 것들에게서 온통 가을을 보고 있다.

그녀의 동산

하얀 피부에 아이보리색 옷이 백작부인처럼 잘 어울리는 친구가 있다. 더불어 진주 장신구들이 그 격을 더해줘 우아함의 극치를 이루는 친구다. 그 친구가 지난 봄 전원주택으로 이사를 했다. 전지가 잘되어 있는 근사한 나무와 온통 보랏빛 꽃잔디에 뒤덮인, 달력에나 나옴 직한 그림 같은 집이 SNS에 올라왔다. 과연 그 친구와 어울리는 집이었다. 어느 날엔 담장에 빨간 넝쿨장미가 수를 놓은듯 멋지게 핀 사진이 다시 올라왔다. 시인인 그녀는 그 집에서 행복의 절정을 맞는 듯싶었다. 부럽고 살짝 샘까지 나는 사진이었다. 집들이에 초대된 친구들의 얘기로는 온갖 꽃이 가득한 그 정원에서 작은 음악회가 열렸다고 한다. 그도 그럴 것이 그녀의 남편은 기타와 노래 실력이 프로급이어서 행사가 있을때마다 꼭 초대되는 사람이었으니 말이다. 사정이 있어 참석하지 못한 나는 발을 동동 구르며 그 영화 같은 집들이를 오랫동안 아쉬워했다. 그녀의 시는 이제 붉은 장미처럼 뜨거울 것이고 남편의 노래는 과즙처럼 달콤해서 그녀의 삶이 아름다움의 정점에 이를 듯했다.

모임이 있는 날, 약속시간보다 늦게 숨을 몰아쉬며 들어오는 그녀의 얼굴이 햇볕에 탄 듯 가무잡잡했다. 화장이 들떠 보여서인가 뭔가 백작부인의 기품은 사라지고 날것의 건강함이 더 느껴졌다. 다른 장소로 이동하던 중 그녀의 차에 타게 됐다. 난 호들갑스럽게 그녀의 집 이야기를 꺼냈다. 갑자기 귀여운 한숨소리가 들리는 듯싶더니 그녀가 하소연하듯 은밀하게 말했다.

“전원주택 생각보다 피곤해.”

“얼마나 좋아. 살 수만 있다면 노후에 다들 그런 집에서 살고 싶어 하잖아.”

"속 모르는 소리 마. 자잘하게 할 일이 너무 많아. 풀과의 전쟁 같기도 하고."

이사한 지 얼마 되지 않아 이런 소리 하는 게 민망한 듯 그녀의 목소리가 잠깐 낮아졌다. 오늘 모임에 늦은 것도 채소밭에 식초물 뿌려주고 오느라고 늦었다고 했다. 장화 신고 모자에 햇빛가리개, 마스크까지 쓰고 해충 방지용 식초물을 뿌리고 있는 그녀가 상상이 잘 안 됐다. 전원생활을 즐기며 흡족해하는 남편과 다툼까지 생긴다며 그림 같은 전원주택의 양면을 이야기하는 그녀의 표정이 지난해 보이기까지 했다. 난 아무 말도 못하고 고개를 끄덕였다. 그녀의 이야기에 크게 공감이 갔기 때문이다.

지난겨울, 외곽으로 이사를 했다. 신도시라 좀 불편하긴 했지만 북적이는 도심보다 공기 맑은 곳에서 유유자적 살아볼 욕심으로 결정한 이사였다. 이것저것 마음에 드는 공간도 있고 마땅찮은 주변 시설도 있었지만 그중에서도 아파트 단지 내에 있는 채소원이라는 이름의 텃밭이 제일 맘에 들었다. 주말 농장이나 텃밭을 가꾸며 무공해 채소를 따 먹는 집이 부럽기도 했었고 텃밭에 대한 막연한 동경 때문이었는지도 모른다. 운 좋게 우리 집도 채소원에 당첨이 됐다. 쥐 뼘만 한 땅이 우리 몫이 됐다. 우리 식구들은 부풀었다. 상추, 쑥갓, 치커리, 고추, 가지를 심었다. 신기했다. 열심히 물을 준 정성 때문인지 모든 게 튼실했다. 처음엔 보기도 아까워 상추를 뜯지도 못하고 그저 바라만 봤다. 아아, 상추의 성장력은 괴력과도 같았다. 뜯어도 뜯어도 돌아서면 뜯은 만큼 다시 돋아났다. 말로만 듣던 화수분이 이런 것이었을까. 끝없이 돋아나는 것. 그게 문제였다. 무공해 채소라고 매일 쌈을 먹었더니 소화 장애가 왔다. 넘치는 게 모자란 것만 못하다더니 그 말이 실감이 났다. 뜯어서 누군가를 주는 일이 더 어려웠다. 아침 일찍 나가면 이슬에 젖어 심란했고, 늦게 가면 햇빛이 뜨겁고, 게으르면 상추에 그림이 생겼다. 그동안 무심히 얻어먹었던 채소들이 너무나 미안하고 감사했다. 진부하게도 농부들도 존경스러웠다. 어느 날인가 바빠서 며칠 만에 가본 채소밭에서 승천하는 용을 본 듯 기절할 뻔했다. 치커리가 동이 생겨 하늘로 올라갈 듯 몸을 세우고 있는 모습이 너무 공격적이었다. 부드럽고 아기자기하던 치커리가 그렇게 억세게 변해버릴 줄 꿈에도 몰랐다. 미리 뜯어다 냉장고에 넣어둘 걸. 후회가 됐다. 잘 정돈된 다른 사람 텃밭을 보면 샘이 나고 엉망인 우리 밭을 보면 누가 흉이라도 볼까 두려웠다. 잠자리에 누우면 뽑지 못한 풀과 동 오른 채소가 생각나 잠이 안 왔다. 이건 즐거움이 아니라 온통 스트레스였다. 농사를 재미로 생각하고 가꾸는 걸 가볍게 여겼던 방자함이 이런 식으로 혼쭐이 나고 있었다.

몇 달이 지나자 조급함과 복닥거림이 사라지고 좀 느긋해졌다. 동 오른 채소는 얼마 후 꽃이 피었다. 노란 쑥갓꽃이 앙증맞았다. 그냥 그 꽃을 화초처럼 즐기기로 했다. 꼭 먹어서 행복한 건 아니었다. 남의 것보다 작게 열린 고추도 그다지 부끄럽지 않았다. 말라 죽지 않는 게 감사했다. 이렇게 작은 밭도 이럴진대 친구의 전원주택 넓은 밭은 오죽했으랴. 잃는 게 있으면 반드시 얻는 게 있다더니 그 짧은 시간의 농사에서 나눔의 기쁨과 기다림의 미학, 자족하는 마음, 농부의 위대함, 그리고 땅의 정직함까지 알아버렸으니 이보다 보배로움이 어디 있겠는가. 수저 촉만 한 작은 땅이 내게 가르쳐준 교훈은 산처럼 크다. 그녀의 동산과 나의 동산에서 우리가 가꾸고 거둬야 할 것은 열매와 잎사귀, 혹은 뿌리보다 더 귀한 것. 그건 만물에 대한 다정과 유정함이 아닐까 하는 생각이 든다.

꽃보다 친구

아. 여행이란 헛수고!
너무 늦게야 우리는 깨닫는다.
가능하면 그냥 머무를 것.

젊은 날은 벤의 〈여행〉이란 시구에 위안 받으며 잡다한 일에 얽매여 떠나는 걸 포기하며 살았다. 나이 들면서 달라지는 건, 예전에 봤던 게 그리워지고 또, 어디든 떠나고 싶어지는 게 아닐까. 동기들이 회갑여행을 계획했다. 회갑이란 말에 경기나 났지만 돌이킬 수 없는 세월을 어쩌겠는가. 건강한 회갑이라면 그것도 행복한 일이지 싶었다. 모아진 의견들이 회갑 땐 기운 없으니 한 살이라도 젊어서 가자고 했다. 너무 길고 멀리 갈 것 없이 가까운 동남아로 결정이 났다.

싱가포르, 말레이시아, 인도네시아. 좀 낡은 코스이긴 했지만 워낙 변하는 세상이니 그것도 괜찮을 듯 싶었다. 열심히 일한 당신, 떠나라. 아니, 열심히 살아온 친구들 떠나자! 그렇게 여고 동창생 여덟 명이 마치 싱글인 듯 홀가분하게 여행을 떠났다.

말레이시아의 독특한 사원과 커피 향과 민속춤. 그곳엔 경건함과 유쾌함이 공존했다. 인도네시아 바탐섬의 나른함. 열대과일도 시들시들할 정도의 느른하고 습한 날씨가 무기력했지만 그마저 즐겁고 신기해서 괴성을 지르며 우리들은 다시 여덟 명의 소녀가 됐다. 바탐섬의 수상 식당에서 튀긴 게 요리와 맥주 한잔씩을 돌려 마셨다. 취기는 없었지만 야자수와 출렁이는 바닷물에 취해 계면조의 〈쑥대머리〉를 불렀다. 세상이 아름답고 삶이 어여뻐서 눈물이 날 지경이었다. 전신이 노곤해지도록 주무르던 프리티라는 이름의 인도네시아 처녀가 있던 마사지 숍, 망고를 먹으며 밤새도록 절망과 행복을 얘기하던 친구들—. 울다가 웃다가 목이 메다가 다시 웃다가—.

자국 사람보다 다른 나라 사람이 더 많은 이상하고 신기한 나라 싱가포르. 깨끗하고 경이로운 나라—. 마리나베이 센즈 호텔 50층 전망대의 판타지. 유람선 위에서 바라보던 현란한 불꽃놀이. 유럽풍의 노천카페들. 귀엽고도 무서웠던 두 개의 멀라이언 동상. 이 모든 곳에서 우리들은 미친 듯 움켜쥐듯 훗날 더 그리워질 시간을 붙잡고 맘껏 사진을 찍어댔다. 껌을 좋아하던, 전라도 출신의 친밀하던 가이드. 새 공원의 멋진 홍학 춤. 김치찌개가 한국보다 더 맛있던 싱가포르 한국 식당. 그렇게 여행의 마지막 날은 다가오고 우리들은 퀴퀴한 지하 노래방에서 어깨동무를 하고 노사연의 〈만남〉을 부르며 아쉬움을 달랬다.

다시 못 올 추억의 시간을 깊이 간직한 채 여덟 소녀가 무사히 도착한 곳은 어느덧 가을의 입구였다.

두루마기와 오 솔레 미오

신부의 친정아버지는 분홍빛이 도는 팥색의 두루마기를 입고 독특한 문양의 태사혜를 신고 있었다. 그 모습이 마치 사대부를 연상케 했다. 캐주얼과 편안한 옷차림으로 자유롭게 다녔던 신부의 아버지에게 더없이 멋스럽게 잘 어울리는 모습이었다. 그가 꼭 맞는 넥타이를 맨 수트 차림으로 예식을 진행했더라면 본인보다 보는 사람이 몹시 낯설고 불편했을 거라는 생각이 들었다. 결혼식장에서 신부의 아버지가 한복을 입었던 걸 한 번도 본 적이 없었기에 그 보기 좋음이 좀 놀라웠다. 왜 여태 한복을 차려입고 내외가 서 있을 생각을 못했을까. 나도 내 딸 혼사에 부부가 한복을 차려입고 손님을 맞이하고 싶어졌다. 탁자 위에는 크고 작은 금장의 액자들이 백장미 다발 사이사이에 놓여 있었다. 신랑신부의 다정한 모습이 담긴 사진들이었다. 서로의 애정표현은 다 한 듯 한데 난하지 않고 민망하지 않은 모습이 기품 있어 보였다. 당의를 입고 고궁에서 찍은 신부의 모습은 왕비의 위엄이 서려 있었고 신랑은 한없이 선량해 보여서 마치 나무와 풀을 보고 있는 듯 식물성이 느껴졌다

주례는 신랑에게 분리수거는 꼭 직접 하라고 주문했고 신부에게는 신랑에게 아침밥을 꼭 해주라고 당부했다. 선언문을 만들어 낭독까지 하게 하는 확실함을 보였으므로 우리는 증인으로서 안심했다. 신부의 아버지가 딸에게 축가를 불러주었다. 무남독녀인 신부는 중학교 때부터 부모 곁을 떠나 외국과 서울을 넘나들며 공부했다고 한다. 집을 떠나기 전 딸에게 자주 불러줬던 이태리 칸초네 〈오솔레미오〉였다. 신부를 향한 아버지의 노래는 식장을 압도했다. 사랑스럽고 알뜰한 마음으로 부르는 노래여서인지 온 천지가 축복하는 듯했다. 축가를 듣고 있는 신부는 그냥 태양이

었다. 아버지에게 신부는 폭풍이 지난 후 더욱 찬란히 빛나는 태양이었다. 그 사랑스런 햇빛은 이제 곁에는 없겠지만 더 많은 새 식구들에게 따뜻하고 밝은 빛이 되어 모두를 행복하게 할 것이다. 친정아버지의 축가는 너무 멋진 이벤트였다. 세상의 아버지들이 딸에게 이토록 아름다운 결혼 축가를 불러준다면 얼마나 축복일까 싶었다. 아무리 멋진 가수가 축가를 부른다 해도 이것만 못하리라는 생각을 잠깐 했다. 초대장을 받았을 때부터 예사롭진 않았었다. 목요일 저녁 7시. 언뜻 불편한 시간 같았지만 주말을 지켜주는 배려 같기도 했고 퇴근 후에 얼마든지 축하할 수 있는 시간이기도 했다. 참석해보니 북적이는 주말보다 차분하고 여유 있어 유유자적 좋았다. 사실 신랑 신부 어머니 저고리 색깔도 기억 안 날 정도로 부산한 예식이 얼마나 많았던가. 오늘 신부의 식구가 되어 온전히 결혼식을 즐길 수 있어 좋았다.

결혼식장에 갈 때마다 불편하고 불만이었다. 주차하느라

예식장 주변을 몇 바퀴 돌아 간신히 도착한 예식 홀 주변은 시장을 방불케 하는 소란과 인파가 기다린다. 바쁘다는 이유로 예식은 볼 생각도 안 하고 식당으로 직행한다. 거기서 또 아수라장을 만난다. 뷔페음식을 덜어 자리를 잡으려면 몇 바퀴는 돌아야 한다. 소음에 시달리면서 음식을 먹다 보면 이건 결혼 피로연이 아니라 무료 급식소 같다는 생각이 든다. 꼭 이런 식의 결혼식밖에 할 수 없는 걸까. 물론 비용 문제도 있겠지만 방법이 없는 것도 아니다. 꼭 초대해야 할 손님만 초대한다면 못할 것도 없을 것 같다. 사람 얼굴도 안 보고 터치 한 번으로 문자 전체 발송이 되는 시대다 보니 초대의 의미보다 알림의 의도가 더 많은 것 같기도 하다. 한편으론 조촐하고 차분하게 결혼식을 올리는 사람들도 많은 요즘이다. 얼마 전 정상의 두 톱스타가 강원도 고향의 밀밭에서 결혼식을 올렸다는 기사가 떴다. 가마솥을 걸고 하객들에게 잔치국수를 대접했다는 기사를 접하고 보니 결혼식의 성대함과 검소함은 경제적 사정보다는 마음먹기 달린 거란 생각이 든다. 내게 무남독녀가 있다. 나는 소망한다. 아버지가 딸에게 축가를 불러주고 예를 갖춰 두루마기를 입고 살뜰하게 축하객을 챙기는 오붓한 결혼식을 하고 싶다. 세상의 신부들이여! 친정아버지의 축가가 듣고 싶지 않은가!

민채 할머니

후배의 딸이 딸을 낳았다. 성이 조 씨라서 어떤 이름을 붙여도 조심스러워 결국 작명소에 가서 이름을 지었다고 한다. 옥돌 민, 빛날 채, 조민채. 보내온 사진에서 본 모습처럼 똑떨어지는 이름이었다. 감기 때문에 병원엔 가보지 못했지만 후배가 카카오 톡으로 보내온 사진들은 굉장했다. 어디서 본 듯한 낯설지 않은 얼굴에 도도하게 자랄 것 같은 완강함에 야무지고 단단해 보여 흐뭇했다. 할머니의 모습보다 엄마를 많이 닮았다. 그럼 됐다. 도도함에 엄마의 흰 피부까지 가지게 됐으니 그 귀티는 또 어쩌랴. 다행히도 도도함이 돼먹지 않은 고집이 아니라 자존감과 예의가 함께 보여 안심이었다. 조약돌같이 작디작은 어린것 얼굴에서 이것저것 보이는 게 너무 많아 신기했다. 후배는 종종 민채 사진을 보내왔다. 달콤하고 부드러운 모습이 마치 분홍빛 과자 같은 사진이 있는가 하면 총총 꽃이 박힌 머리띠를 하고 아빠 품에 안겨 있는 사진 속 의젓한 민채는 명화 속 귀족 못지않았다. 곰 인형과 찍은 사진은 어찌나 작고 귀여운지 누가 곰 인형인가 분간하기 어려워 마치 곰 세 마리가 앉아있는 것 같아서 한참 웃었다. 더불어 딸 내외는 잘 다듬어진 광고 모델 같았으니 과연 행복을 파는 사진 같았다. 후배는 젊은 나이에 민채 할머니가 됐지만 손해 볼 것 하나 없는 행복한 할머니였다.

민채 할머니 퇴근길이 바쁘다. 집안 식구들 챙기랴, 민채 목욕 거들랴, 휴직 중인 딸이 있다 한들 아기 셋 키워 낸 자신의 손만 하겠는가. 민채의 피부는 넘치도록 받은 외가의 사랑 덕분에 조약돌처럼 매끈하고 반짝인다. 민채 엄마 얼굴도 도홧빛이다. 두 사람 바라보노라면 그 아니 즐겁겠는가. 몸을 추스른 민채네는 집으로 돌아갔다. 민채 할머니는 딸은 안 보고 싶은데 민채가 자꾸 눈에 밟힌다고 했다. 그 작은 것이 오물오물하던 생각이 나고 내 새끼들도 그렇게 작았을 때가 있었던가 싶었다. 그 작고 조심스러운 새끼들을 어떻게 셋이나 키웠나 아득하기도 했다.

오랫동안 모임을 같이 했던 여고 동창생들과 모처럼 남해안 1박 2일 나들이 길에 나섰다. 수려한 경치와 묵은 우정이 어우러져 사진 찍는 것만으로도 즐거운 여행이었다. 친구들은 그 와중에도 손자와 화상통화를 하고 사진을 주고받고 야단들이었다. 열 명 중 다섯은 핸드폰 배경사진에 손자들 사진을 올려놓는다. 날마다 변하는 모습과 깜찍한 포즈들이 귀여웠지만 지겨울 정도로 바뀌는 사진은 그 손자를 직접 본 적이 없는 나로서는 이해할 수 없는 일이었다.

내 인생이 최고라며 손자 따윈 봐줄 수 없다고 소리치더니 지금은 모든 일정이 손자 위주다. 좀 너무하다는 생각이다. 딸들은 출산 후 백일이 넘도록 친정에서 생활한다. 물론 혼자서는 힘들다는 얘기다. 친정은 비상사태다. 아내와 주말부부로 살면서 아기도 실컷 못 보면서도 요즘 사위들은, 집에 가자고 단호하게 말하지 못한다. 아내가 소중해서일 것이다. 친정에 와 있지 않다고 크게 다르진 않다. 남편은 먹든지 굶든지 팽개쳐두고 딸네 집에서 안 오는 것인지 못 오는 것인지 체류기간이 몇 달이 되기도 한다. 틈만 있으면 손자와 화상 통화를 하면서 혀 짧은 소리로 손자와 수작하는 친구들을 보면 한심하다기보다는 무작정 사랑에 눈물겹다.

부러웠다. 진저리가 나도록 샘이 나고 부러웠다. 무남독녀 외딸을 둔 탓에 외손녀라도 빨리 보고픈 심사가 그야말로 심술이 되고 있는 것이다. 외손녀 병원이라도 데려가고 만화영화관이라도 같이 가려고 지긋지긋하게 부담스러운 운전면허도 땄지만 딸은 꿈에도 결혼할 생각이 없는 듯 고양이만 키우고 싶어 한다. 딸 하나 있으면 싱크대 앞에서 죽는다는 우스갯소리가 있다. 딸네 부엌일을 도맡아 하다가 죽을 거란 얘기다. 손자 자랑하는 친구가 샘이 나서 삐쭉대지만 나도 딸 아기 봐주느라 모든 걸 포기할 할머니가 틀림없다.

봄이 좋냐??

지인에게 메시지가 왔다. 그간 격조했던 사연이랑 시간 내서 한번 만나자는 얘기와 함께 동영상을 보내왔다. 열어 본 동영상은 '십센치(10cm)'란 가수의 〈봄이 좋냐??〉란 노래였다. 노래 제목에 물음표가 두 개 붙은 것부터 예사롭지 않았다. 십센치(10cm)란 가수는 내가 좋아하는 가수이기도 하다. 〈아메리카노〉, 〈죽겠네〉 등 개성 있는 제목과 내용의 노래로 새롭게 시도하는 창법들로 들을 만한 가수다. 〈봄이 좋냐??〉는 애인 있는 사람을 향한 심술과 야유에 자조까지—. 노골적이어서 불편할 지경인데도 밉지 않았다. 사람의 마음이란 다 어쩔 수 없는 것 같았다.

봄이 그렇게도 좋냐 멍청이들아
벚꽃이 그렇게도 예쁘디 바보들아
결국 꽃잎은 떨어지지
니네도 떨어져라
몽땅 망해라

혼자 벚꽃을 보며 애인 있는 사람들 시샘하고 부러워하는 노래는 측은하다기보다 고소하기까지 했다. 갑자기 딸 생각이 났다. 꼭 딸의 주제곡이었다. 난 딸의 카카오톡으로 동영상을 보냈다. "딸! 너의 주제곡을 발견했다. 노래까지 나온 걸 보니, 이런 사람 생각보다 많은 듯. 들어보고 기운 내시게~^^ " 딸에게 즉시 답이 왔다. "이미 듣고 있었음. 아무렇지도 않음. ㅋㅋ"

얘기가 나왔으니 말인데 우리 딸은 아직 남자친구가 없다. 도대체 왜 남자친구를 사귀지 못하는 걸까. 귀엽고 사랑스러운 얼굴에 다양한 화제도 많고, 말도 잘하고 그럭저럭 매너도 좋은데 뭐가 문제일까. 딸은 항상 코드가 아니다,

케미가 문제라고 말하는데 그게 문제인 것 같다. 생각해 보니 남녀 관계에서 그것처럼 중요한 것도 없을 것 같았다. 영화관, 공연, 전시회 모든 곳에 혼자 다닌다. 심지어 여행까지 혼자 다니며 자유로운 영혼을 과시하는데 난 은근 속이 상한다. 저 좋은 시절에 남자친구 하나 없이 속절없이 시간이 다 가버리는 것 같아 애가 탄다. 딸은 아는지 모르는지 태평이다.

올해는 벚꽃이 지난해보다 일주일은 빨리 피는 것 같다. 구름처럼 피어나는 꽃들을 딸 혼자 볼 걸 생각하니 또 마음이 아프다. 벌써 몇 년째 혼자 벚꽃놀이를 한다. 비 소식이 있다. 꽃잎이 다 떨어져도 아쉬울 게 없을 것 같다. 딸이 즐겁게 못 본다면 꽃이 다 떨어져도 상관없을 것 같았다. 이게 어미의 마음인지 못된 심술인지 아무렇지 않게 이런 마음이 생긴다. 하루는 딸이 툴툴대며 들어온다. 친구들과 카페에 갔는데 〈봄이 좋냐??〉노래가 나오니까, 네 주제곡 나왔다고 애들이 놀렸다고 깔깔댄다. 웃으며 얘기하니 비극적이 아니어서 좋다. 그래, 그깟 남자친구 좀 없다고 하늘이 무너지기야 하겠는가. 요즘은 데이트 폭력도 많고 마음에 안 들어 헤어지자고 하면 온 집안 식구에게 보복하는 끔찍한 남자도 많다. 남자친구 자체가 폭탄처럼 느껴지는 세상이긴 하다. 하긴 있어도 불편할 것 같다. 늦은 귀가시간 신경 쓰이고 둘이 너무 친한 듯하면 내가 섭섭할 것 같고 마주보며 낄낄대는 것도 못 견딜 것 같으니 말이다.

우리나라 여자 결혼 적령기가 30대에 돌입했다고 한다. 늦어진 출산에 버거운 육아로 그렇지 않아도 힘든 여자의 시간이 늙어지면서 이어질 것 같다. 딸은 백세시대에 20대 결혼은 너무 지겹다고 웃는다. 참, 기막힌 생각들이다. 외손자 안아보려면 앞으로 오 년 이상 기다려야 한다고 생각하니 벌써부터 기운이 빠진다. 하긴 자신들 늙어가는 것도 걱정 안 하는데 부모들 늙어가는 게 뭐 그리 아쉽겠는가. 아무리 나이는 숫자에 불과하다고 합리화하는 시대지만 30대는 이미 노화가 진행되는 나이다. 골다공증 생길 나이에

첫아이를 낳을 수도 있다는 애기다. 다소 완벽하진 않아도 살아가면서 이룬다 생각하면 두려울 것도 없을 것 같은데 뭐든 넘치도록 풍족하지 않으면 견디지 못하는 나약함 때문인지도 모르겠다. 오지도 않은 미래를 걱정하다 중요한 현재를 놓치고 있는 무모함에 빠져 있는 젊은이들이 안타깝다. 젊은이들이여, 제발 꽃다울 때 혼인하라!

영자

첫날, 그녀가 쑥갓 꽃 사진을 줬을 때 솔직히 유치하다는 생각을 했었다. 두 번째 만나고 나서 그런 생각을 했던 걸 후회했다. 세상 예쁜 꽃 다 놔두고 쑥갓 꽃이 예뻐서 컵에 꽂아 사진을 찍고 프린트해서 그걸 선물처럼 건넬 수 있는 섬세한 감수성을 몰라본 건 내 잘못이기도 했다. 빼어나게 예쁘진 않아도 귀엽고 덕성스런 얼굴에 감성과 지성이 버무려진 그녀의 내면은 고급했다. 예쁜 건 세월에 변할 수 있지만 귀여운 건 나이가 들어도 변치 않는다더니 영자를 두고 하는 말 같았다.

여름이 끝나갈 무렵 영자에게 내 수필집 두 권을 줬다.

영자는 내 수필집을 읽고 감동했을 때마다 뭔가 적어 보내는 일을 가을 내내 했다. 사실 수필집을 줬을 때만 해도 국어교사인 영자의 혹평이 두려워 내심 걱정했었다. 그녀의 독서량과 날카로운 분석력 그리고 문학적 수준을 생각해 보면 설레는 칭찬이 마냥 편치만은 않았던 것도 사실이다.

어느 날인가 영자가 내게 노란 봉투를 내밀었다. 우편으로 보내려고 썼던 편지였다는 말과 함께였다. 봉투 안에는 노란 편지지에 쓴 두 장의 편지와 분홍색 종이에 유리테이프로 꼼꼼히 붙인 단풍 든 벚나무 잎이 들어 있었다. 그 단풍잎엔 옛날을 그립게 하는 아련함이 묻어 있었다. 그리고 내게서 하늘 냄새를 맡는다는 과분한 표현도 있었다. 그녀의 감성은, 낡아서 거의 사라져가는 것들을 일깨우고 사무치게 하는 마력 같은 게 있었다. 영자는 나의 완전한 독자이자 따끔한 채찍이었다.

도대체 영자란 여자는 미숙한 구석이라곤 없는 듯했다.

그녀의 음식 솜씨는 대단했다. 단순히 먹는 의미의 음식이 아닌 위안에 가까웠다. 정성과 손맛도 있지만 누군가에게 뜨겁고 맛있게 먹이려는 따순 마음이 없다면 그런 음식을 만들 수 없을 것 같았다. 난 그녀의 마음이 녹아든 깻잎김치와 정성과 격식을 풀어 끓여낸 왕의 음식 같은 떡국을 먹어본 적이 있다. 손이 많이 가고 시간을 요하는 나물반찬은 바쁜 내겐 언제나 도전이었다. 그런 어려움을 속 깊게 헤아리는 게 영자의 성품인 듯 그녀는 내게 종종 나물반찬을 선물했다. 바쁘기는 저나 나나 마찬가지일 건데 잠을 줄이며 반찬을 만드는 듯했다. 이런 선물을 받는 날은 그녀의 진심을 보는 듯해 항상 가슴이 먹먹했다. 영자가 주는 것들은 모든 게 마음이었기 때문일 것이다.

은행잎이 아쉽게 지던 가을의 한복판을 영자와 난 연인처럼 단둘이 걸었다. 카펫처럼 폭신한 노란 은행잎을 자분자분 밟으며 걸어가는 기분은 뭐라 표현할 수 없이 근사하고 멋진 일이었다. 갑자기 영자가 내게 시를 읽어주기 시작했다. 아니 그냥 걸으면서 시를 낭송한다고 해야 맞을 것 같다. 강은교의 시 〈우리가 물이 되어〉였다. 나긋나긋하고 기품 있는 목소리는 도도하다 못해 그 가을을 압도해 모든 게 정지된 듯 숨이 막혔다. 살아오면서 그런 분위기를 가진 중년 여자는 처음이었다.

> 우리가 물이 되어 만난다면/ 가문 어느 집에선들 좋아하지 않으랴/ 우리가 키 큰 나무와 함께 서서 우르르 우르르 비 오는 소리로 흐른다면.

난 전율했다. 그리고 우리라는 말만 둥둥 떠다닐 뿐 아무 생각도 안 났다.

어느 시 모임에서 영자를 처음 만났을 때만 해도 그녀가 내 안에서 이토록 크게 자리 잡을 줄은 몰랐다. 겸소하되 남루하지 않고 명랑하되 가볍지 않고 푸근해서 어른처럼 느껴지는 영자는 나보다 두 살 아래다. 눈 꼬리에 웃음을 달고

"언니~." 하고 나를 부를 땐 어찌나 오붓한지 꼭 피붙이 같다. 영자는 교사이면서 낭만주의자다. 영자와 만나 차 마시고 밥을 먹다 보면 젊은 여자들이 깍듯이 선생님을 부르며 인사를 한다. 선생 대접 제대로 못 받는 우울한 요즘 세상에 일부러 쫓아와 선생님께 인사하는 영자의 제자가 도처에 널려 있었다. 교사로서의 영자가 위대해 보이기까지 했다. 그런 제자를 살뜰히 반기며 졸업 연도를 기억하고 이름을 불러주는 영자가 경이로웠다. 영자가 아직도 제자들에게 애틋하고 정성 어린 손편지를 받는 이유를 알 것도 같았다.

누군가를 그립게 하는 목소리로 백석의 시를 읽어주고 진솔한 풍경의 사진들을 보내주던 영자는 내게 위안이자 평화였다. 결코 얄팍하지 않고 허세 없는 영자는 진정한 생활인이었다. 때때로 그 솔직함이 너무 낯설어서 깜짝깜짝 놀라기도 했지만 가식에 놀라는 것보다 기분 좋았다. 난 소망한다. 파파할머니가 돼서도 영자의 그 멋진 시낭송을 들으며 경기전 돌담길을 걸을 수 있기를—.

음악 없이 춤추기

2006년 이상문학상 작품집

로이 오비슨 CD

약간의 돈

이건 며칠 전 지나간 내 생일 선물이다. 벌써 몇 년째 이런 식의 선물을 받다 보니 꽃바구니도 없이 지나가버리는 내 생일의 수수함에 좀 쓸쓸했다. 아니, 음력 섣달 그믐날인 내 생일이 유죄인지도 모르리라. 날짜가 주는 분주함과 고단함에 잠시 우울했다.

어린 딸은 언제나 CD와 책을 선물한다. 어느 해 생일인가, 내게 옷을 선물했다가 나의 까다로움에 마음을 다친 남편은 생일날 내게 돈을 준다. 좀 멋없고 삭막하긴 하지만 돈으론 여러 가지를 할 수 있어 나쁘진 않다. 장미와 촛불과 와인, 그리고 금색 리본 장식이 달린 선물상자가 아니라도 야단스러운 걸 싫어하는 나로선 이런 식의 단조로움이 오히려 넘침이 없어 좋았다. 그런데 올해 생일은 좀 역정이 났다.

딸이 주문한 로이 오비슨 CD는 품절인지 벌써 일주일째 배송지연이다. 〈인 드림(In dreams)〉이라도 듣고 있으면 괜찮을 듯싶었는데, 듣고 싶던 음악도 못 듣고 나 먹자고 미역국 끓이는 것도 내키지 않았다. 미역국도 안 끓이고 청승을 떤다고 남편이 혀를 찬다.

"우리 나이쯤 되면 자기 생일날 직접 미역국 안 끓인대……."

"그럼 누가 끓여준대?"

"딸이나 남편이 끓여 준다더라."

"……?"

남편은 나를 한번 쳐다보다가 입을 다문다. 시댁으로 가서 종일 전을 부치다가 아침 겸 점심을 먹고 나니 기름 냄새 때문인지 머리가 혼미하다. 두통약과 비애도 꿀꺽 같이 삼킨다. 생일을 잘 차려 먹어야 잘산다는데 이렇게 데면데면 지나가 버리니까 사는 게 이 모양인가. 자기들 생일은 살뜰하게 계획하고 챙겨주는 걸 당연하게 생각하는 것 같아 딸과 남편이 좀 야속했다.

늙음의 징조인가. 뜬금없이 생일타령에 노염까지 타고 있으니 말이다. 나도 국경일처럼 법석을 떨며 생일을 챙기는 내 또래 여자들이 부러워서 이런 걸까? 난 사실 이벤트를 별로 좋아하지 않는다. 생일이든 결혼기념일이든 그냥 조용한 곳에서 맛있는 밥이나 한 끼 먹으면 그걸로 만족한다. 그래서인지 드라마틱한 이벤트로 무슨 기념일을 축하받는 친구들을 별로 부러워하지 않았다. 그래, '삶이 다 같을 순 없으니까.' 하고 날 위로하며 담담했었다. 하지만 이

번 생일은 자꾸만 마음이 헝클어져 좀처럼 담담해지질 않았다. 당겨서 미리 먹던 가족과의 식사도 시간이 안 맞아 취소되었고 명절 준비 때문인지 몰려드는 몸의 피로가 송곳이 되어 날카롭게 날 찌르며 대든다.

"태어나줘서 고맙고 내게로 와줘서 더 고마워." 내가 매년 딸에게 보내던 생일 메시지를 나도 누군가에게 받고 싶은 생각이 간절해졌다.

외롭고, 흥겹지도 않고 민망하기까지 한 이런 기분은 마치 음악 없이 춤추는 것만큼이나 싱겁고 안쓰러웠다. 음악 없이 춤춘다는 것. 그 우스꽝스럽고 어쭙잖은 몸짓의 힘겨움이 너무 가엾지 않은가. 밋밋한 기분에 몸만 한껏 안타까운 것, 그건 거의 형벌이지 싶다. 갑자기 내게 근사한 생일 잔치가 왜 필요했을까. 내가 원한 게 끔찍한 숫자의 장미도 아니었을 테고 낯선 여행도 아니었을 것이다. 도대체 근원을 알 수 없는 이 상실감의 끝은 어디일까.

그 밤, 속절없이 그렇게 허무와 휘황함이 스러지며 나의 40대가 끝나가고 있었다. 견딜 수 없는 것을 견디는 것, 아닌 걸 사랑할 수밖에 없는 것, 그건 원치 않아도 내가 보듬어야 할 무정한 나의 50대의 시작이기도 했다.

음악 없이 춤추기-작가메모

티파니 선물 상자 같은 민트색 책장을 넘기니 식탁에 아기 얼굴 세 개가 그려진 사진이 실려 있다. 세 개의 얼굴은 똑같았다. 낯익은, 너무나 친근한 얼굴이었다. 어디서 본 걸까. 더듬듯 천천히 생각해 보니 외국의 이유식 병에 그려져 있던 사내아이 얼굴이었다.

거버이유식, 틀림없었다.

갑자기 뼈마디가 아파 오며 피로감이 몰려왔다.

티 스푼으로 바나나 이유식을 떠먹이면 딸은 새로운 맛이 낯설었던지 미간을 찌푸리며 조심스럽게 입을 벌렸다. 이빨이 없는 입속은 붉은 잇몸으로 가득해서 온통 장미꽃 같았다.

며칠 전 홍시를 먹다가 싫다는 딸에게 수저로 억지로 떠 먹였더니 잠시 미간을 찌푸리더니 새처럼 잘 받아먹었다. 이유식을 받아먹던 시간과 똑같은 모습이었다. 스무 살이 넘은 딸의 반쯤 벌린 입에서 비릿한 젖내가 나는 것 같았다. 또 다시 관절에 통증이 오고 고단함이 밀려왔다. 병처럼, 애 키울 때를 생각하면 지금도 몸살이 오는 듯 어딘가가 아파온다. 늘 피곤에 절어 살았기 때문인지도 모른다.

나의 사십대는 늦은 결혼에서 오는 힘겨운 육아로 자주 우울했다. 손이 많이 가는 어린애와 삭아지는 몸뚱이가 원하는 안식 사이에서, 간절했던 건 오직 빠르게 흐르는 세월의 속도였던 것 같다. 빨리빨리 시간이 가버려 할머니가 되면 애는 저절로 어른이 될 거라는 생각에 나이 먹는 게 두렵지 않았다. 꽃 한 송이, 케이크 한 조각 없는 생일의 스산함을 애가 건네주는 CD와 책이 보상해 주는 듯 섭섭하지 않았었다.

사십의 끝.

무심하고 단조로운 마지막 생일이 노엽고 역정이 났던 걸까. 외롭고 흥겹지도 않은 세월이 안쓰러워 마치, 음악 없이 춤추는 벌을 받는 기분이었다. 그땐 그랬다. 이제 어린 딸은 자라서 내 생일에 간 맞는 미역국을 끓여준다. 헐거워지는 몸과 함께 세월도 마음도 삭아져 이젠 다 지나간 듯하다. 아닌 걸 사랑할 수 있고 견딜 수 없는 걸 견딜 수 있는 나이가 오십대인지도 모른다. 내가 보듬어 안고 다독이는 치유의 시간들 속에서 음악 없이 추는 춤도 고요해서 나쁘지 만은 않은 듯하다.

꽃들은 알고 있었을까

4

그는 내게 흰빛으로 기억된다
— 故 이기택 선생을 애도하며

에드워드 호퍼의 〈푸른 저녁〉을 오래도록 바라봤다. 피에로의 옷이 서럽도록 희다. 아니, 슬프다. 흰색이 그토록 슬프게 느껴질 수 있다는 게 잘 이해되지 않았다. 그림 속의 사람들은 다정한 듯 앉아 있지만 모두가 다른 곳을 보고 있었다. 그래서 슬펐을까. 푸르스름한 빛이 묻어나는 그 흰색이 자꾸만 슬펐다. 그리고 파안대소, 흰 모자, 작은 거인, 이런 것들이 같이 떠올라 목이 메었다. 그랬다. 그는 내게 흰빛으로 기억된다.

그가 웃으면 온통 흰빛이 쏟아지듯 눈부셨고 목소리는 언제나 웃음이 버무려져, 그가 말할 땐 행복의 파편이 튀는 듯 주변이 수런대며 떠들썩했다. 흰 모자를 쓰고 그가 걸어 오면 아무리 멀리 있어도 폭발할 듯 에너지가 느껴지는 다부진 모습이었다. 작은 체구와 상관없이 그에게선 언제나 거인이 느껴졌었다. 그의 푸른 날들은 얼마나 힘차고 반듯한 시간들이었을까.

그는 이제 여기 없다. 아니 갔다. 마지막마저 그의 목소리처럼 구차하지 않게 가버렸다. 너무 정갈하게 서둘러 가버려 남은 사람들은 그가 무정하고 야속하다. 고요 속에 애잔한 풀벌레 소리가 풍성하기 때문에 가을 밤 하늘을 좋아한다더니 그 가을 밤 어딘가에 안식을 찾아 쉬고 있을지도 모르겠다.

나는 오래도록 기억할 것이다. 그의 작품 속 〈냉이〉의 강인함과 〈주상절리대〉의 탄성과 〈밤하늘〉의 예찬을. 아니, 〈까치〉의 설움까지도. 그의 작품 도처에서 그의 감성적 유머와 거인적 사유와 마주치는 건 어쩜 당연한 일인지도 모르겠다. 그의 작품 〈할머니의 방귀〉 속에 나오는 외국 창작 동화 〈방귀 만세〉의 두 주인공(테츠오와 요코)의 시를 보면, 그가 얼마나 다정다감한 남자이며, 감수성 예민한 소년 같은 정서를 가졌는지 알 수 있다. 그에게서 팔십의 노인을 상상한다는 건 아무래도 내겐 쉽지 않은 일이다.

스위촌, 스위촌
링링링
귀뚤, 귀뚤, 귀뚤

어디선가 들려오는 가을벌레 소리가 그의 기척인 듯 반갑다가, 때론 스산한 가을밤이다. 죽음은 최후의 잠일 수 있고, 최후의 안식일 수 있다고 수필 〈밤하늘〉에서 그는 썼다. 그는 오래전부터 죽음에 초연했고 의연했다. 모든 문학 행사에서 그의 웃음소리를 들을 수 없는 요즘, 그의 빈자리가 너무 크고 허전하다. 소리쳐 부르면 화답할 것 같은 그가 ≪그 산의 소리≫로 우리 곁에 다시 올 순 없는 걸까. 천년이 지난 듯 벌써 그가 보고 싶다.

故 이기택 선생님을 생각하며 이 글을 쓴다.

꽃들은 알고 있었을까
— 세월호 침몰을 애도하며

3월이 가기 전 목련이 다 떨어져 누웠다. 꽃샘바람도 없이 천지가 꽃내로 진동하고 있었다. 성급하게 반소매 옷을 빨아 널며 꽃냄새에 숨이 가빴다. 분간 없는 날씨와 그 분간 없는 날씨에 온몸을 맡기고 꽃잎을 툭툭 터트리는 꽃이 헤퍼 보여 언짢았다. 좀 따뜻하다고 시도 때도 없이 꽃을 피우다니……. 단순하고 미련하다고 꽃을 나무랐다. 꽃향기와 꽃의 요염함에 취할 사이도 없이 산야에 하얗게 꽃비가 내리고 있었다. 서둘러 꽃놀이를 가며 마음이 분주했다. 꽃을 부추기는 날씨를 원망했고 미친 날씨와 어울려 춤을 추는 꽃을 향해 함부로 몸을 드러내는 천박함을 독하게 핀잔했다.

아! 꽃들은 알고 있었을까.

4월 중순, 세상이 온통 흰 국화와 노란 리본 꽃으로 뒤덮여 사람들이 기진할 것이라는 걸.

오, 영리하고 똑똑한 꽃들이여—.

아무리 고운 꽃잎을 열고 취할 듯 혼미한 향기를 흘려도 누구도 발길을 멈추지 않을 거란 걸 꽃들은 알고 있었을까. 박제된 화환 앞에서 눈물 벼락 맞을 걸 꽃들은 정녕 알고 있었을까. 그래서 서둘러 꽃을 피우고 눈물처럼 뚝뚝, 한숨처럼 하롱하롱 져버렸던 것일까.

아무도 꽃을 꽃답게 바라보며 환호하는 사람이 없었다. 노란 리본꽃은 그렇게 개나리인 듯 민들레인 듯 현기증처럼 노랗게 세상을 뒤덮었다.

희망처럼 솟아 있던 푸른 뱃머리가 자취를 감추고 말았다. 노란색 공기주머니가 바다 위에서 떼를 쓰듯 뒹굴고 있었다. 가슴이 철렁했다. 노란 주머니는 애들이 이곳에 있다고, 꽃봉오리들이 다 여기 모여 있다고, 외치며 미친 듯이 몸을 뒤챘다. 여기인가, 저기인가, 꽃봉오리들이 다발로 묶여 꽃송이로 피어나길 기다리는 곳이 여기라고, 모진 바람에 부대끼며 고함을 치는 듯했다. 배가 더 이상 바닷속으로 가라앉지 않도록 하기 위한 장비, 리프트백이란 노란 풍선마저 세월호 침몰을 막지 못하고 있는 것 같았다. 우리의 무너진 가슴도 함께 침몰하는 듯 절망과 분노로 목이 터져 갈라지고 젖은 눈시울이 짓물러 쓰라렸다.

언제부턴가 검은색 옷이 싫었다. 우울을 벗어나 환해지고 싶어서였을 것이다. 몇 년째 안 입었던 검은색 봄 코트를 꺼내 상복처럼 입었다. 바닷속 꽃봉오리들에게 너무 미안해서였다. 검은색 옷은 속죄의 의미였다. 물속에 있는 애들을 생각하면 한낮에도 한기가 들었다. 4월의 끝까지 내복을 벗을 수가 없었다. 추웠다. 바닷속에 들어앉은 듯 이가 딱딱 부딪히고 푸르스름한 입술이 바르르 떨렸다. 분노와 한기는 동질의 것인 듯 떨림으로 전해왔다. 짓밟힌 듯, 무시당한 듯, 동댕이쳐진 듯, 분한 가슴을 비집고 불덩이같이 뜨거운 덩어리가 올라왔다. 너무 답답해서 주먹으로 가슴을 탕탕 두들겨야 좀 살 것 같았다.

문득, 햄버거 가게 앞을 지나가다가 길게 줄을 서 있는 학생들을 봤다. 슬리퍼 속의 때 묻은 양말도 귀여웠고 삐뚤어진 교복도 정다웠다. 쫓아가서 엉덩이를 토닥여주고 싶었다. '고맙다. 그냥 다 고맙다. 살아 있어 고맙고, 웃고 있어 더 고맙다.'

꽃들은 진정 알고 있었을까.

흰 국화가 만발하고, 노란 리본꽃이 개나리처럼 피어나 진저리나게 슬픈 봄이 다시 오리란 걸—.

꽃이 미쳤다고, 꽃이 헤프다고 소리 지르던 일이 민망해서 오소소 소름이 돋는다. 형형색색 교태롭던 꽃들과 시름없이 수작하던 지난봄이 사무치게 그리웠다. 나뭇가지 끝에서 부는 저 반짝이는 초록 바람. 꽃은 노란 리본으로 다시 피어나고 잎새는 천 개의 바람이 된 영혼들과 어울려 흔들리는가. 나뭇잎은 꽃보다 더 예쁘게 살랑댄다. 아른대

듯 연두색 눈물이 번진다.

피어나라!
바닷속 꽃봉오리들이여!
흰 국화 노란 리본꽃 서럽고 기진해서 싫다.
어서 나와 뜨겁고 붉은 꽃으로 피어나라.
온 세상이 꽃 세상이 되도록—.
바닷속 꽃봉오리들이여!
눈물로 흥건한 이 세상, 다독여 마르게 하라.
찬물 뒤집어쓴 듯 춥고 참담한 가슴에
다시 한 번, 다시 한 번만 붉은 꽃으로 피어나라

홍차와 국화

— 고 라대곤 선생을 생각하며

'홍차와 국화' 그 홍차집을 발견한 건 군산 여행이 거의 끝나갈 무렵이었다. 겨울의 짧은 해이긴 했지만 제법 여러 곳을 다녔어도 아직 어스름이었다. 명성이 자자한 빵집으로 가던 중 그 이국적인 홍차 집을 보게 된 것이다. 하루 양이 이미 품절될 시간이어서 어차피 빵을 살 수 있을 거란 기대는 안 하고 가던 길이었다. 홍차 집을 본 순간, 빵집 따윈 어떻게 돼도 상관없다는 생각이 들었다. 그리고 별안간 옛날에 마셨던 뜨거운 위스키 티가 마시고 싶었다. 프로방스풍의 출입문을 힘주어 밀었다. 다행히도 실내의 모든 건 외관을 배반하지 않았다.

엉겅퀴 액자가 걸린 벽 앞에 놓인 엔틱풍의 안락의자에 앉았을 때 비로소 난 알았다. 위스키 티 같은 건 요즘 홍차 문화가 아니라는 걸. 홍차집 주인 여자는 고요했다. 내가 앉아 있는 안락의자를 고른 안목이라면, 아니 민트색의 귀한 냉장고를 찾아낸 취향이라면 그런 분위기를 지닐만 했다. 뜨거운 홍차에 위스키를 몇 방울 넣고 레몬 조각을 띄워 한잔 달라고 주문했다. 여자가 짧게 웃었다. 요즘의 홍차 문화는 위스키 티가 아닌 것 같았다. 여자가 권한 건 다즐링이란 이름의 홍차였다. 큼직하게 썬 레몬을 듬뿍 담은 접시와 함께 홍차가 나왔다. 다즐링은 그냥 편안한 맛이었다. 내가 원한 홍차가 아니었기에 맛에 대한 기대는 없었던 터였다. 다만 촛불 화로 위에 올려진 빅토리아풍의 주전자와 찻잔에 마음과 시간을 빼앗기기로 했다. 여자가 갓 구운 스콘을 내왔다. 스콘은 담백함이 전부인 듯 입안에서 밋밋하게 부서졌다. 아기자기한 홍차잔과 극명하게 대조되는 맛과 분위기였다.

아늑하고 독특한 실내를 찬찬히 둘러봤다.

한순간 이젤식 칠판에 눈이 갔다.

〈취해서 오십 년〉
"아쉬워서 또 한잔. 그래, 좋다 마시자
내 마지막 소망은 다가오는 겨울 함박눈이 쌓이는 뜰을 바라볼 때도
지금처럼 내 오십 년 벗인 술을 가슴에 담고 지나간 세월을 그리워하는 것이다."

분필로 정갈하게 적어 놓은 글은 라대곤 선생의 〈취해서 오십 년〉중 일부였다.

또 있었다. 아크릴의 투명한 액자에 쓰인 〈홍차와 국화〉란 시였다.

추억은 아름다운 것
코발트 하늘이 눈부신 가을이 오면
박제된 국화 꽃잎 차가 불러다 줄
고향의 추억을 만나고 싶다

홍차와 국화 찻집에서

선생은 이 홍차집에 대해서도 시를 쓰신듯했다. 이곳을 너무 좋아해 이 시를 써 주셨다고 여자가 낮게 말했다. 선생의 병이 깊은 줄 아는 터라 다가오는 겨울 함박눈이 쌓인 뜰, 코발트 하늘이 눈부신 가을이 오면, 이런 미래에 대한 묘사들이 가슴 아팠다. 도무지 병하고는 어울리지도, 상관이 있을 것 같지도 않은 풍채와 외모가 아니었던가.

난 천천히 그리고 오래도록 앉아 늙음보다 힘이 더 느껴지던 선생의 백발을 생각하며 주전자의 홍차를 다 마셨다. 여자가 그림자처럼 다가와 선생의 소설집 ≪퍼즐≫을 건넸다.

라대곤 선생이 세상을 떠났다.

온천지가 꽃 내로 진동하던 사월의 한복판에서 세상과의 끈을 조용히 놓아 버렸다.

김남곤 시인은 〈라대곤의 밥상〉이란 시에서 수술 후, 절제된 그의 식단을 눈물겨워했다.

밥도 술도 복스럽게 먹던 그가 투병 중 얼마나 허기에 시달렸을까 생각하면 가슴이 미어진다고 선생을 안쓰러워했다.

'형, 나 기운이 하나도 없어.'

천 길 늪 속으로 빨려드는 듯한 선생의 목소리가 환청인 듯 들려와 내 가슴도 저려왔다.

백마가 달리듯 허연 백발을 휘날리며 좌중을 압도하던 선생의 모습을 이제는 어디서도 다시는 볼 수 없다고 생각하니 떨어진 꽃을 본 듯 아쉽고 허망했다.

개인적으로 자주 뵌 적 없어 내겐 서럽고 눈물겨운 추억은 없다. 민망하게도, 박장대소하며 읽었던 선생의 소설들이 생각나 눈물보다 큰소리로 웃고 싶었다. 생전의 호탕하신 성격에 야단이야 치시겠는가.

군산의 낡은 듯 오래된 그 길가, 홍차와 국화 카페에 가면 선생을 뵐 수 있을까? 어쩌면 엉겅퀴 액자 아래 그 안락

의자에 앉아 박제된 국화 꽃잎차를 마시며 고향의 추억을 만나고 계실지도 모르겠다.

전복죽

죽이란 얼마나 위안인가. 부드럽게 풀어져 나른해진 흰 쌀의 끈적이며 엉기는 힘은 사납지 않아 한없이 친밀하다. 마치 따뜻하고 편안한 사람을 만난 듯 푸근하고 정답다. 그 보드랍고 연한 걸 한 그릇 먹고 나면 송골송골 땀이 맺히며 온 장기가 후련해진다. 죽은, 거의 묘약에 가깝다. 그래서 딱한 사람을 보면 뜨끈한 죽 한 그릇 끓여 먹이고 싶어지는 건지도 모르겠다. 바다의 웅담, 바다의 보배, 바다의 산삼. 이 모두가 전복에 대한 찬사다. 흰죽도 약이 되는데 거기에 이 보배로운 전복을 넣어 죽을 끓여 먹으면 얼마나 회복이 빠르겠는가. 환자에게 전복죽은 위안을 넘어 치료까지 되는 죽이 아닌가 싶다. 이런 전복죽을 한 대접 먹으면 내 안의 병이란 병이 다 떨어질 것 같은 간절함이 생기던 지난주가 생각난다.

딸과 함께 마카오와 홍콩을 여행했다. 패키지의 불편함을 버리고 우리는 자유여행을 하기로 했다. 스마트폰과 딸의 치밀한 계획 덕분에 4박 5일 동안 멋지고 특별한 여행을 했다. 매일 10시간 이상 걸었던 것을 빼고는 큰 고생 없는 만족스러운 여행이었다. 딸은 탁월한 가이드였다. 입도 뻥긋 못 하고 낯선 사람 속에서 딸의 가방끈을 붙잡고 거의 졸졸 따라다니던 생각을 하면 좀 부끄럽고 후회가 됐다. 하지만 남의 나라에서 자유로운 사람이 몇이나 되겠는가. 모두가 낯설고 힘든 여정이 아니겠는가. 그리고 난 딸의 든든한 엄마였다. 아니, 자잘한 위험 앞에서도 언제나 엄마여야 했다. 좁고 낡은 소호 골목 투어는 정말 독특한 일정이었다. 놀랍게도 그 많은 예술 작품이 모두 골목에 숨어 있었다. 멋진 숙소를 예약한 덕에 밤마다 바다를 머리맡에 두고 베개처럼 베고 잤으니 자유여행이 아니라 귀족여행이 아니고 무엇이랴—. 그러나 우리의 멋진 여행의 기쁨도 잠시. 무리한 탓인지 귀국 직후 독감에 걸리고 말았다.

밤새 기침을 하고 나면 아침엔 뱃살이 당겨 웃지도 못했다. 다시 기침이 터지면 칼끝을 삼킨 듯 고통스러웠다. 살면서 감기 때문에 링거를 맞고 이틀씩 출근을 못해본 적은 없었는데 그렇게 지독하게 감기를 견뎠다. 그 와중에 머릿속엔 온통 뜨거운 전복죽 한 사발 먹고 나면 온몸이 가뿐해져 툭툭 털고 나을 것 같았다. 죽집의 그 조급한 쌀의 깔깔한 맛은 왠지 내키지 않았다. 내 감기는 누군가의 정성이 섞인 죽을 원하고 있었는지도 모른다. 내 앞에서 시름시름 앓던 딸애가 결국 몸져누웠다. 난 정신이 번쩍 났다. 동강 날 것 같은 몸을 질질 끌며 설날에 얼려둔 전복을 꺼내 해동을 하고 쌀을 불려 커다란 냄비에 전복죽을 욕심껏 끓였다. 딸과 난 뜨거운 김에 코를 훔치면서 죽을 양껏 먹었다. 막혔던 코가 뻥 뚫린 듯 시원했다. 나도 내가 놀라웠다. 전복죽 한 그릇 먹으면 살 것 같았어도 그것 끓일 힘이 없더니 애가 아프다니 어디서 그런 힘이 났는지 그 많은 죽을 맛있게도 끓여냈다. 어미라서 그랬을 것이다. 엄마여서 그랬을 것이다. 아니, 자식을 둔 부모라면 마땅히 그래야 할 것이다.

세상은 원영이의 이야기로 들끓는다. 원영이는 가장 사랑받고 보살핌 받아야 할 일곱 살 귀여운 나이에 계모의 학대에 못 이겨 죽었다. 아무리 자신이 낳지 않아 정이 없다지만 어찌 차디찬 목욕탕에 가둬놓고 하루 한 끼밖에 안 먹였을까. 원영이가 죽던 날도 욕실에 원영이을 가둔 뒤 온몸에 락스를 붓고 찬물을 뿌리는 등 학대를 했다고 한다. 단지 소변을 못 가린다는 이유였다. 시신을 10일간 방치하다 야산에 암매장했다는 기사를 읽다가 진저리를 쳤다. 온몸에 소름이 돋고 한기가 들었다. 차가운 목욕탕에서 찬물을 뒤집어쓰고 굶고 있었을 원영이는 얼마나 춥고 두려웠을까. 난 갑자기 원영이에게 따끈한 전복죽을 먹이고 싶었다. 부드러운 전복죽을 원영이에게 한 대접 간절하게 먹이고 싶었다. 혹시 죽을 먹고 나면 그 차디찬 몸이 따뜻해지면서 세상에 대한 원망도 사라지지 않을까. 그리고 우리 모두 죄인이란 생각에 한없이 미안했다. 전복죽은 이미 음식이 아닌 듯 아픈 사람을 치유하고 상처받은 사람을 위로하는 묘약으로 남아 있어도 좋을 듯하다.

천사를 기다리며

길 건너에 등대처럼 어둠을 밝히며 밤새 잠들지 못하는 요양병원이 있다. 언제부터 그 병원이 거기에 있었는지 기억나지 않는다. 얼마 전 수필가 김병규 선생이 세상을 떴다. 세상에는 수필가가 하도 많아 그가 수필가라는 걸 모르는 사람이 더 많다. 그러나 내겐 그의 수필이 항상 아프게 마음을 쳤으므로 그가 훌륭한 작가였다는 생각엔 변함이 없다. 교통사고 후유증으로 오랜 투병생활을 해왔던 그가 저 등대 같은 병원에서 다섯 달 동안 입원해 있다가 떠났다고 했다. 가슴 저리게 후회가 됐다. 지척에 두고 왜 한 번도 못 가봤을까. 재작년 여름, 내가 마지막으로 본 그는 사금파리처럼 쨍하니 환자 느낌이 없었다. 그래서 안심하고 잊고 있었는지도 모르겠다.

퇴근길, 칠흑 같은 어둠 속에서 요양병원이 마치 섬처럼 떠 있었다. 얼마나 쓸쓸했을까. 그의 수필만큼이나 지난했을 그의 마지막 시간들이 너무 아프고 짠해서 눈물 같은 한숨이 나왔다. 그는 78세였고 떠나기엔 아직 이른 나이였다. 그는 다정다감했고, 그는 인간적이었고, 그는 가족을 너무 사랑했다. 한 명이라도 행복하지 않은 식구가 있으면 항상 마음을 다쳤고 그 상처를 싸매느라 필사적으로 노력했다. 그의 수필은 사랑으로 환희로웠고 그의 수필은 가정의 파수꾼으로 행복했고 때론 고단했다. 그는 이제 할 일이 참 많이도 없어졌다. 산에 오를 수도, 내게 딸기 바구니를 내밀 수도, 아내에게 편지를 쓸 수도, 손녀딸과 산책할 수도 없게 됐다. 고단하긴 했지만 불행하진 않았던 그는 다른 세상에서도 절대 슬퍼하진 않을 것이다. 난 그를 믿는다. 그의 아름다운 강인함을—. 매일 병원에 오는 자기를 천사라 부르며 하루하루 행복해하며 편안히 가셨다는 그의 부인 얘기가 생각났다. 그나마 다행이었다. 천사를 반기며 다정했을 그의 목소리가 들리는 듯했다. 환청이었던가? 주위를 둘러보니 목소리는 간 데없고 생전의 그의 주변처럼 정갈하고 차분한 어둠뿐, 그저 고요했다. 부디 아픔 없는 세상에서 편안하소서—.

문득 눈을 들어보면 천지가 요양병원이다.

마음 편한 요양병원

온정 요양병원

효사랑 요양병원

마음사랑 요양병원

벧엘 요양병원

세상엔 요양할 사람뿐인가. 언제부턴가 모든 병원이 요양병원으로 바뀌는 듯해 우울하다. 젊은 날 내 자궁을 치료하던 산부인과도, 편두통을 처방하던 병원도, 소아과가 있던 자리도 어느 날 요양병원 간판이 걸려 있었다.

예전엔 거동이 불편한 부모를 요양병원에 맡기면 누가

알까봐 쉬쉬하며 민망해했었다. 집 아닌 곳에 부모를 맡기면 불효한다고 생각해서 그랬을 것이다. 지금은 시설 좋은 요양병원이 많아 편하고 감사한 마음을 가지고 병원으로 모신다. 요양병원은 더 이상 병원을 의미하지 않는 듯 편리한 생활시설쯤으로 여기며 사는 것 같다. 병원 로비에 앉아 있다 보면 전설처럼 늙어버려 아득한 눈동자를 가진 허연 노인을 태운 휠체어를 밀고 가는 반백의 힘겨운 노인들을 수도 없이 볼 수 있다. 그들은 분명 부모 자식 간일 것이다.

난 생각한다. 늙고 기진한 노인들이 외롭고 답답한 집에서, 아니, 방구석에서 묶인 듯 절망하는 것보다 밤새 잠 못 드는 환한 요양병원에서 천사를 기다리며 창밖을 바라보는 게 훨씬 행복한 일일 거라고—. 더구나 요양병원은 노인 수발을 제공하는 게 목적이라 하니 얼마나 다행인가.

큰이모

큰이모의 부음이 전해졌다. 향년 여든아홉이었다. 친정 어머니는 춥지도 덥지도 않은 날씨에 아주 잘 갔다고 수화기 저편에서 눈물 묻은 목소리로 중얼거렸다. 작은이모는 언니는 죽을 복을 잘 타고났다고 부러워했다. 그도 그럴 것이 당신은 지금 요양병원에서 화장실 출입만 간신히 하고 있으니 말이다. 사실 큰이모가 죽을 복을 잘 타고난 것은 아니었다. 돌아가시기 전날까지 멀쩡했다가 갑자기 돌아가셨으니 그렇게들 말하지만 입, 퇴원을 반복한 지난한 병원 생활이 벌써 10년이 다 돼 간다. 침대에서 떨어져 다리가 부러지고 허리를 다쳐 운신을 못하고 치매 증세까지 있었으니 결국 큰이모도 죽고 싶을 때 죽지는 못한 셈이었다.

큰이모를 마지막 본 것은 지난여름의 한복판이었다. 타버릴 듯 뜨거워 마치 화염 같은 날씨에 친정어머니는 신들린 사람처럼 큰이모를 보러 가자고 우리를 몰아세웠다. 선선해지면 가보자고, 금방 돌아가실 것도 아닌데 왜 하필 이런 날씨에 사람을 힘들게 하느냐고 불평했지만 큰이모 죽으면 후회된다고 막무가내셨다. 생각해 보니 그때 못 봤으면 크게 한이 될 뻔했다. 시온의 집이란 요양원은 고즈넉하고 정갈했다. 고단한 이모가 비로소 안식할 수 있을 것 같았다. 얼마 후 증세가 악화된 이모는 이 요양원을 떠나 다시 의료시설이 돼 있는 요양병원으로 옮겨졌다. 그날 면회실로 들어오는 큰이모의 모습은 이미 여자가 아니었다. 짧게 깎은 허연 머리는 마치 고슴도치 같았고 뼈만 남은 삭신은 괴팍한 늙은 남자 같았다. 세상에! 사람이 어찌 저 지경이 될 수 있을까. 다른 사람도 아닌 큰이모가 저렇게 변해버리다니. 세월도 병마도 다 무서웠다. 분명 온전한 정신이라면 자기 의지와 상관없는 저 모습에 얼마나 충격을 받았을까. 생각하니 차라리 오락가락 치매가 다행이란 생각이 들었다. 큰이모는 빼어난 미인은 아니어도 탄탄한 몸매에 멋이 몸에 밴 천생 여자였었다.

큰이모는 우리를 반기는 둥 마는 둥 치매증세 때문인지 식탐이 많았다. 밥을 안 준다며 우리가 가져 간 팥죽이며 빵을 정신없이 먹고 또 먹었다. 모든 게 희미해지는 것 같았다. 날 보며 살이 너무 쪘다고 자꾸 살을 빼라고 했다. 아마 어릴 적 삐쩍 마른 나를 기억하는 것 같았다. 이모에게 선명한 건 오직 눈썹의 짙은 문신뿐인 것 같았다. 화려하고 완강하던 큰이모의 모습은 어디에도 없었다. 요양원을 나오며 허망했다. 우리와 헤어지면 혼자라는 걸 아는지 모르는지 이모는 빵만 움켜쥐고 있었다. 그게 마지막이었다.

빈소는 조촐했다. 목사인 막내아들 덕분인지 교회 이름으로 장식된 게 많았다. 흰 국화 속 영정이 화려했다. 철쭉이 흐드러진 배경으로 큰이모 식으로 멋을 낸 옷차림의 이모는 쇠잔해 보였지만 나름 화사했다. 죽기 몇 년 전 마지막 여행지에서 찍은 사진이라고 했다. 챙이 달린 커다란 모자, 비스듬히 묶은 스카프, 재킷에 조끼, 셔츠까지 색깔도 스타일도 조화롭다 못해 완벽했다. 비로소 큰이모를 온전히 본 듯 애틋한 마지막 모습이 가려졌다. 다행이었다. 우리 사촌들은 얼싸안고 울진 않았다. 조용히 꽃을 올리고 생전의 큰이모 이야기를 하면서 자주 웃었다. 술도 없이 이야기는 끝없이 이어졌다. 음식 맛 좋았던 큰이모 솜씨를 어찌 알아보았는지 마지막 길 대접 음식들이 입에 쩍쩍 붙게 맛있었다. 이모가 차려낸 음식처럼 남기지 않고 다 먹었다.

큰이모의 마지막 얼굴이 아기처럼 편안하고 피범벅이 됐던 입에서 향기가 났다고 한다. 임종을 지켜봤던 이모 딸은 자기를 편하게 해주려고 노력한 엄마가 놀랍고 고맙다면서 연신 눈물을 찍어냈다. 마지막에 거의 먹질 못해 내가 본 모습보다 더 심하게 마르고, 피부병까지 생겼다고 한다. 차라리 난 요양원 모습을 마지막으로 간직하고 싶었다. 그래서 입관은 보지 않기로 했다. 부디 큰이모가 믿는 천국으로 가셨으면 했다.

아, 라대곤 선생님!

그날, 청운사 경내로 올라가는 길은 푸석하고 뜨거웠다. 배롱나무 꽃들은 만개한 지 오래되어 이미 여름의 한복판이었다. 백련이 햇빛에 지친 듯 나른했다. 그 도도한 연향도 열기 속에서 들큰해졌을까. 평소엔 연향을 맡지 못하는 내 코끝까지 스며들었다. 연꽃냄새와 뜨거운 열기가 섞이면서 애초에 섬세함은 없어진 듯했다. 백련지는 경내 끝까지 초록과 흰 점으로 이어졌다.

소설가이자 수필가인 신곡 라대곤 선생 문학비 제막식장은 더위와는 상관없이 수많은 문인들로 붐볐다. 베풀고 품으면서 살아오신 신곡 선생의 삶의 흔적인 듯 행사장 곳곳이 푸지고 뭔가 흐드러진 분위기였다. 슬픔 같은 건 없었다. 문학비가 검은 휘장에 덮인 채 큰 산 모양을 하고 있었다. 생전 선생의 건장한 모습을 연상케 했다. 백발을 휘날리며 금방이라도 호탕한 웃음소리로 주변을 깨울 것 같았다. 그랬으면 얼마나 좋을까. 선생을 회상하는 추모사와 연보, 비문 낭송이 이어졌다. 모든 사람과 즐거웠던 술 이야기와, 모든 사람에게 웃음을 줬던 문학작품과, 어려웠던 문학단체에 베풀었던 온정과, 주변을 유쾌하게 이끌었던 호탕함을 얘기하는 사람들은 하나같이 선생이 그립고 그리워 애가 타는 듯했다. 압도하는 외모에 항상 환하고 든든함을 느꼈었다. 작품을 대할 때마다 유쾌하고 재미있어서 그냥 뒹굴면서 낄낄대던 기억이 많다. 작품 속의 그 편안하고 구수함이라니—. 수필도 소설처럼 써내는 선생의 능력이 항상 대단해 보였다. 그렇게 든든하던 선생이 그 근사한 체격을 다 허물어 병마와 싸우고 있다는 소식을 듣고 진정 안타까웠다. 언젠가 투병 중 기운이 없다고 하소연하던 글을 신문에서 읽고 마음이 아프고 쓰라렸던 기억이 난다. 언제나 밥도 술도 복스럽게 먹던 선생이 밥을 못 먹어 기운이 하나도 없다고 어리광처럼 말했으니 얼마나 마음이 아팠겠는가.

2년 전 4월, 문학기행 길에서 선생의 부음을 들었다. 보성 녹차 밭에서였다. 푸르던 녹차 밭이 깜깜해지는 느낌이었다. 크고 탐스러운, 그래서 아까운 열매 하나가 뚝 떨어진 듯 허망했다. 선생이 생전에 자주 가시던 카페가 군산 어디쯤에 있었다. 선생의 작품 〈취해서 오십 년〉의 일부가 적힌 이젤식 칠판이 서 있고 커다란 엉겅퀴 그림이 걸려 있던 홍차집이었다. 돌아가시기 얼마 전까지 차를 마셨다는 그곳은 선생을 기억하기 참 좋은 곳이었다.

휘장이 벗겨지고 문학비가 검은 산처럼 모습을 드러냈다. 선생의 모든 것을 표현한 듯 보기 좋았다. 무엇보다 선생이 좋아하시던 청운사에 자리 잡아 더 없이 기뻐하실 것 같았다. 워낙 술을 좋아하시던 양반이라 꽃, 과일과 함께 막걸리 한 주전자가 제단 위에 올려졌다. 선생을 느끼려 조용히 문학 비를 껴안았다. 온기 없는 돌이 햇빛에 데워져 체온처럼 따뜻했다. 갑자기 오붓하니 정다웠다. 누군가 따라주는 노란 주전자의 막걸리를 한 모금 마시고 나니 선생을 온전히 뵌 듯했다.

청운사를 내려오는 발끝마다 내내 연향이 따라왔다. 이상했다. 평소에 맡아지지 않았던 연향이었다. 그래서 항상 갑갑했었다. 선생의 고고한 자취와 향기가 연향처럼 귀한 향기로 퍼졌을지도 모른다. 이제 선생은 영원히 거기 계실 것이고 그 멋진 풍광 속에서 다시 취해서 오십 년을 사셔도 좋을 듯했다.

> 금강에 뜬 달이 너무도 아름다웠다.
> 바람에 흔들리는 갈대 울음소리, 끼루룩거리는 물새 소리,
> 달빛 속으로 보이는 강 건너 작은 산들,
> 모두 공상 속에서 봄 직했던 아름다운 세상들이었다.
> 잔물결 속으로 떠오르는 또 다른 하늘 속에 뜬 달은
> 이 세상의 것이 아닌 것처럼 아름다웠다.
>
> -〈내가 꿈꾸었던 세상〉에서

비문에 새겨진 글처럼 선생이 꿈꾸던 세상이 혹시 그곳일지도 모르겠다.

명품이 된다는 것

5

계란의 추억

장바구니에서 계란을 꺼내자 순간, 식구들 시선이 싸늘해졌다. 때가 어느 땐데 계란이냐는 시선이었다. 내가 너무 조급했나? 지난번 계란파동 땐 계란이 없어서 못 샀었다. 그래서 안전하다는 안내문과 함께 인증서까지 있는 친환경 계란이라고 해서 평소엔 15개짜리 하나씩 사던 걸 덥석 두 개를 샀다. 다들 계란을 무서워할 때 더 많이 샀으니 식구들에겐 이상해 보이기도 했을 것이다. 마치 이 계란을 못 사면 나중엔 더 지독하게 오염된 계란을 만날 것 같은 조바심 때문이었는지도 모른다. 계란이 비싸졌을 땐 돈만 있으면 계란 문제가 다 해결됐었다. 그러나 살충제 계란의 충격은 어떻게 해도 불신에서 벗어날 순 없을 것 같다. 조류독

감은 끓여 먹으면 안전하고 감염된 닭은 살처분하면 끝이었다. 살충제 계란은 끓여도 소용없고 어린이에겐 치명적이라고 한다. 닭의 사육 환경이 달라지지 않는 한 살충제 계란에 대한 문제는 해결될 수 없을 것 같다. 만만하고 손쉬웠던 계란이 그토록 까다로운 식품이었다는 걸 살충제 파동 이후 처음 알았다. 놀라울 정도로 엄격하게 관리되며 꼼꼼하게 사육환경이 표시된 프랑스 계란에 경의를 표할 정도였다. 우리는 그런 시스템이 정녕 안 되는 걸까.

사실 난 우리나라 유기농, 친환경 계란을 별로 믿지 않았다. 계란이 거기서 거기겠지 별것 있나 싶었다. 그러나 계란에도 등급이 있었다. 사료로 인한 등급도 있지만 사육 방법이 큰 이유를 차지한다. 일테면 방목(1), 실내사육(2), 닭장(3), 보통의 산란계들은 30cm 케이지 안에 세 마리를 키우며 높은 산란율을 위해 밤새 전등을 켜 잠을 안 재운다고 한다. 하루 두 시간씩 자면서 운동도 못하고 오직 산란만 한다고 생각해 보라. 스트레스로 인해 기형 달걀을 낳는 닭도 많다고 한다. 좁은 케이지 안에서 닭이 모래목욕을 못해 진드기가 생기고 진드기 박멸용으로 살충제를 쓴다고 했다. 그러나 며칠 전 신문에 모래목욕을 할 수 있는 방목형 농장 계란에서도 살충제가 검출됐다는 보도가 있었다. 특히 이 농장은 이전 전수 조사과정에서 누락된 곳으로 보완 조사를 마무리한 결과 살충제가 검출돼 더욱 충격을 주고 있다. 게다가 계란 판매도 도소매 유통을 거치지 않고 택배 등을 통해 판매한 것으로 파악됐다. 몇 배 비싼 값을 주고 방목형 계란을 먹었던 사람들은 모두 허탈감에 빠졌다.

부담 없는 가격으로 단백질을 충당하기엔 더 없이 좋았던 계란을 그야말로 아무 의심 없이 먹을 수 있던 시절이 그리울 뿐이다. 소풍이나 여행갈 때 설렘의 상징처럼 가져갔던 삶은 계란, 김밥에 도톰하게 썰어 넣었던 계란부침, 장조림 속에서 쫀득하게 졸여졌던 검은 계란, 롤케익에 부드럽게 섞이던 계란. 이 모든 계란들을 더 이상 안심하고 덥석 먹을 수 없게 돼버렸다. 망설이며 먹을 수밖에 없는 음식은 이미 행복하지 않다.

식품의약품안전처는 "우리나라 국민 중에서 계란을 많이 먹는 극단 섭취자(상위 95.5%)가 살충제가 최대로 검출된 계란을 섭취한다는 최악의 조건을 설정해 살충제 5종을 평가한 결과에서 건강에 큰 문제가 없는 것으로 확인했다."고 밝혔다. 처음보다 안심은 되지만 왠지 찜찜하다.

뚝딱 해먹던 계란 프라이의 그 손쉬움도 살충제 공포를 생각하면 슬그머니 냉장고 문을 닫게 된다. 살충제 계란파동이 났을 때 김밥집에 이런 메모가 붙어 있었다. '당분간 저희 김밥엔 계란을 넣지 않습니다.' 계란 없는 김밥은 다소 맛이 없었지만 맘 편히 먹었던 기억이 난다. 지금은 다시 김밥에 두툼한 계란이 들어 있다. 피할 수 없으면 즐기라고 했던가. 역시 계란 김밥이 훨씬 맛있다. 계란으로 할 수 있는 음식들이 이젠 그야 말로 추억이 돼버린 것인가. 음식문화의 바로미터라고 일컫는 계란이 추억이 돼버린다고 생각하니 우울하다. 변화하고 발전하는 과정에서 생기는 부작

용이라 치부하기엔 계란으로 만들어 먹던 모든 음식들이 갑자기 결별한 연인처럼 아쉽고 그립다.

군인의 어머니 되다

"쿨하게 보냈네요.
까이꺼
21개월이면 온다는디."

"재홍이가 군대 가고 없으니
냉장고도 안 굶고
장 안 봐도 되고
괴기 안 사도 되고
이러다
부자 되것어요~!"

후배가 금쪽같은 아들을 군대에 보냈다. 아들이 부대에 들어가는 모습을 보고 돌아오는 차 안에서 보낸 문자에서 애써 참는 눈물이 보이는 듯했다. 일주일 뒤 냉장고를 열어 보고 먹성 좋던 아들 생각나서 보낸 문자에서는 울음소리가 들리는 듯했다. 열흘째 되는 오늘, 문자에 사진까지 왔다.

"하하.

한 열흘 만에 병영카페에 명렬표도 뜨고

사진이 올라오네요."

명랑한 웃음소리가 들리는 듯 나도 기분이 좋아졌다. 후배 아들은 멋진 베레모에 군복을 입었는데 너무도 자연스럽게 잘 어울려 군대간 지 1년은 넘은 사람 같았다. 잘생긴 얼굴 탓도 있지만 우선 의젓하고 표정이 밝아서였을 것이다. 아들이 없어도 그 마음 알 것 같았다. 누군가 그립고 보고 싶으면 많이 움직이라고 했던가. 후배는 유난히 부산을 떠는 듯했다. 친구를 만나고 제자를 부르고 딸과 극장에 가고 벌써 열흘 동안 영화를 세 편은 보는 것 같았다. 나는 위로랍시고 곳 왔냐고 묻곤 했는데 아차, 그걸 견디는 게 굉장히 힘든 일이라는 걸 나중에 알았다. 그리고 곳은 그렇게 빨리 오는 게 아니라는 것도. 문을 닫아도 새어드는 달빛처럼 눈을 감아도 그립고, 뭘 해도 생각나는 살가운 새끼를 2년 가까이 못 본다고 생각하면 한숨이 나올 만하다. 물론 휴가도 있겠고 면회도 가겠지만 돌아올 때와 돌아갈 때의 애틋함을 생각하면 그것도 못 할 노릇일 것이다. 요즘 북한의 핵 도발을 보고 있노라면 우리가 너무 안일한가 싶을 때가 있다. 군대를 너무 믿고 있는 건 아닌가. 군인이 있어 그나마 편안한 잠자리에 들 수 있었고 앞으로도 그럴 것이다. 군인이 아무리 굳세어 보여도 부모 입장은 항상 어린것이고 애달픈 내 새끼일 뿐이다. 후배는 그나마 아들이 겨울보다 여름에 입대하는 걸 다행으로 여기며 추운 것보다 더운 게 낫다며 스스로를 위로했다.

관사 공관병에 대한 갑질 기사로 세상이 연일 부글댄다. 화염에 가까운 날씨에 분통터지는 기사 내용은 거의 열의

도가니다.

'공관병에 호출용 전자 팔찌를 채워놓고 늦으면 영창 협박', '박 대장 부인 갑질 못 견뎌 공관병 자살 시도' 이런 기사 제목은 분노를 넘어 목이 메인다. 공관병 갑질 피해 제보는 끝이 없었다. 일요일이면 공관병들의 종교와는 무관하게 무조건 교회에 데려가 예배에 참석시켰고 조리하는 것이 맘에 들지 않는다며 조리병 부모에 대한 모욕을 일삼는 등 박 대장 부부의 인권침해와 만행은 입에 담기조차 힘들다. 피해 당사자들의 가족들뿐만 아니라 온 국민적 공분을 사고 있는 기막힌 일이 아닐 수 없다. 대한민국 젊은이들은 국방의 의무를 다하기 위해 청춘을 바쳐 군에 입대한다. 그러나 군에서의 생활이 머슴살이나 다름없으니 있을 수 있는 일인가. 아들 있는 부모들은 이런 뉴스를 접하면 어떻게 해서든 군대에 보내고 싶지 않을 것이다. 쿨하게 떠나보내도 21개월이란 시간은 더디고 힘들 텐데 이런 고약하고 억울한 사건들이 가뜩이나 불안한 국민들을 더욱 견디기 힘들게 만든다.

후배에게서 '올 것이 왔다.'는 비장한 문자가 왔다. 그리고 후배는 묻는다. '아이 옷을 받았는데 눈물도 안 나는, 나는 나쁜 엄마인가?' 나쁜 엄마여서가 아니고 너무 믿고 싶기 때문일 것이다. 아들은 잘 견뎌 줄 것이고, 군은 아들을 잘 보호해 줄 거라고 굳게 믿고 있기 때문일 것이다. 그래서 슬퍼하지 않기로 마음먹었는지도 모른다. 이런 군인의 어머니들을 위해 나라는 모든 아들들을 잘 간수해서 자랑스럽게 군 복무를 마칠 수 있게 해야 할 것이다.

멋진 대통령을 갖는다는 것

요즘은 워낙 뉴스들이 강도가 높아 웬만한 책을 읽어도 재미도 없고 밋밋해서 싱겁다고 한다. 그도 그럴 것이 도무지 현실감이 느껴지지 않는 어처구니없는 사건들이 걷잡을 수 없이 터져 나와 미처 놀랄 틈도 없다. 최순실, 박근혜 대통령, 정유라, 그밖의 사람들을 빈정거리며 흉을 보고 수군대는 것도 마음이 황폐하고 불행해져 더는 못하겠다. 그저 분한 마음만 삭일 뿐. 최순실 게이트에 연루된 사람들에 대한 청문회, 민심을 말해주는 촛불 집회, 박근혜 대통령 탄핵 소추로 온 나라가 들끓고 있는 게 벌써 몇 달째인가. 모든 게 좋은 쪽으로 바뀔 거란 희망 없인 견디기 힘든 시간들이다.

며칠 전 신문에 흥미로운 사진이 실렸다.

오바마의 8년, 최고 유산은 '인간 오바마'라는 제목으로 실린 사진들이었다. 취임 후 오랜만에 만난 반려견 '보'와 백악관 복도를 달리는 모습, 핼러윈을 맞아 백악관에 놀러 온 꼬마와 어울리는 모습, 보좌진에게 우산을 씌워주는 모습 등 소탈한 모습을 보여줬다. 오바마 대통령의 너무도 인간적인 모습에 전율이 일었다. 우리 대통령은 세월호 사건이 있던 날의 7시간이 아직도 애매하다. 인터넷에 민망한 사진들이 떠돈다. 박근혜 대통령의 세월호 당일 의료시술로 의심되는 얼굴, 볼 주변에 푸른 멍과 주사 자국 사진이다. 주사 자국이 있는 부위를 찍은 사진들이 날짜별로 나열되어 있었다. 부끄럽고 한심한 사진들이었다. 2015년 노스캐롤라이나 주에서 열린 총기난사 희생자 장례식에서 연설 중 〈어메이징 그레이스〉를 부르는 오바마의 모습과 지난해 1월에는 총기규제 행정명령을 발표하다 총기 사건으로 숨진 아이들을 떠올리며 눈물을 흘리는 오바마의 모습이 너무도 진정성 있게 다가왔다. 인간 오바마란 제목이 말해주

듯 국민 눈높이에 맞추는 지도자, 비서에게 우산을 씌워주는 젠틀맨, 추모 연설 중엔 치유의 노래, 권위의식 없이 존경을 한 몸에 받았다. 우리는 왜 미국의 오바마 대통령처럼 멋진 대통령을 가질 수 없는 걸까. 아니, 박근혜 대통령은 왜 오바마처럼 권위의식 없는 따뜻한 대통령이 될 수 없었던 걸까. 청와대 관저엔 서재가 없다고 한다. 책이 있긴 있는데 너무 적어서 없는 거나 마찬가지라고 한다. 문학을 모르면 서민의 삶을 모른다고 말하는 작가가 있다. 서민의 삶을 모르는 사람은 좋은 통치를 못 한다고도 말한다. 그런 지도자를 만난 건 우리 국민의 비운이자 불행이다.

2017년 1월 21일 미국의 첫 흑인 대통령의 역사가 막을 내린다. ≪뉴욕 타임즈≫는 독자들 평가를 소개했다. 이란 핵 협상 타결, 건강 보험 개혁, 기후 변화 대처 노력, 쿠바 국교 정상화, 금융 위기 극복 등 다양한 업적을 거론했지만 가장 큰 오바마의 유산으로 그의 기품과 가치를 꼽았다. 미국에 자부심을 갖게 해준 지도자, 신념을 절대 잃지 않는 대통령, 모범적인 아버지이자 남편, 쿨한 지도자 등 오바마의 인간적인 면모를 가장 인상 깊게 평했다. 계층을 아우르는 소통과 가식 없는 삶으로 흑인 대통령의 한계를 뛰어넘었다고 오바마의 업적을 정리했다. 우리 대통령은 굳이 정치적 업적은 아니더라도 기품과 가치라는 게 있는 사람이었던가. 한국에 자부심을 갖게 해준 지도자인가. 과연 쿨한 지도자인가. 어쩌면 불통과 거짓 삶으로 국민들의 자존심을 짓밟은 대통령으로 기억될 것이다. 국민들에게 용서를 빌고 스스로 물러나 아름답게 퇴진할 수 있는 기회를 놓치면서 쿨한 것과는 거리가 먼 던적스럽고 구질구질한 대통령이 돼버렸다. 박근혜 대통령을 생각하면 자부심은 고사하고 자괴감으로 고개를 들 수 없을 지경이다. 떠날 때를 알고 떠나는 뒷모습은 아름답다. 꼭 시 구절이 아니더라도 박수 칠 때 떠나는 현명함을 보이는 대통령이었으면 한다. 멋진 대통령을 갖는다는 것. 그것은 신의 영역처럼 우리에게 요원하게 느껴진다. 지난 일을 반성하고 국민과 소통하지 못한 걸 뼛속까지 후회하며 TV드라마를 멀리하고 독서

하며 기품 있는 여자로 거듭나라는 의미로 온 국민들이 청와대로 책 한 권씩 보내는 운동이라도 벌이면 어떨까.

명품이 된다는 것

베트남 하롱베이와 캄보디아 앙코르와트를 다녀왔다. 몇 년째 계획만 세우다가 못 가고 말았던 곳이라 떠나기 전 설레며 안도했다. 너무 많은 사람들이 다녀간 다소 낡아버린 코스로 여겼는데 아직도 세계 각국의 관광객은 어마어마했다.

하롱베이의 크루즈 관광은 행복의 실체가 이런 게 아닐까 싶을 정도로 모든 게 정점이었다. 베트남 농모를 쓰고 하롱베이 섬들을 배경으로 사진을 찍고 갑판 위에서 이국의 햇빛을 맘껏 느꼈다.

캄보디아로 이동하는 날, 차창 밖 풍경은 밋밋하다 못해

지리멸렬하기까지 했다. 가끔씩 밭 가운데 모여 있는 베트남식 묘지에 쏟아져 반사되는 햇빛의 반짝임이 아니었다면 숨이 막힐 지경이었다. 베트남 가이드는 베트남을 소개하는 일보다 변비에 좋은 건강식품에 더 관심이 많은 듯 아침인데도 계속 변비와 쾌변에 대해서만 얘기했다. 가이드는 왜 집집마다 걸려 있는 베트남 국기에 대해 설명해주지 않는 걸까. 그는 편백나무 오일이 진정 만병통치약이라고 생각하는 걸까. 줄곧 아토피와 진드기에 대해서만 얘기하고 있으니 말이다.

하느님은 공의로웠다. 상처투성이인 캄보디아에 앙코르와트가 없었다면 세계의 그 많은 사람들을 만날 수 있었을까? 앙코르와트가 캄보디아에 있다는 것이 축복처럼 느껴졌다.

캄보디아 가이드는 부드러운 울림의 목소리를 가지고 있었다. 그는 캄보디아의 아픔을 이해하고 나면 다소 불쾌하거나 불편한 광경을 봐도 애정 어린 마음으로 받아들일 수 있을 거라고 얘기했다. 그리고 캄보디아 어린이의 눈을 3초 이상 바라보지 말라는 당부도 했다. 그의 충고는 맞았다. 그 깊고 애잔한 눈동자에 빠져버리면 속수무책이었다. 캄보디아 어린이의 눈을 바라보면 뭐든 야멸차게 뿌리칠 수가 없었다. 원 달러의 애원도, 말없이 다가오는 안마의 손길도, 허락 없이 재빨리 찍어서 내미는 사진도—. 앙코르 와트 답사 이후 가이드는 우리의 선생님이 되었다. 선생님이란 호칭 말고는 어떤 호칭으로도 그를 부를 수 없었다. 사원에 혼을 불어 넣고 의미를 설명하자 여섯 개의 머리를 가진 뱀의 조각상이 갑자기 빳빳한 머리를 쳐들고 꿈틀대는 것 같았고 압살라 춤은 모든 벽에서 일제히 율동했다.

사원은 가는 곳마다 불가사의에 탄식하게 했고 경이로움에 혼미해지기까지 했다. 특히 타프롬 사원에서의 놀라움은 거대한 나무뿌리였다. 용암이 흘러내린 듯 사원을 움켜쥔 뿌리는 거의 공포에 가까웠다. 처음엔 질긴 나무뿌리가 사원을 파괴했다고 생각했었다. 그러나 그 나무뿌리의 움켜쥠이 없었더라면 사원은 그 오랜 세월을 지탱하기 어려웠을 것 같았다. 마치 애증의 관계처럼 사원과 나무는 얽혀 있었다. 킬링필드의 비극, 톤레삽 호수의 수상가옥촌. 난 이곳에서 도저히 극복할 수 없을 것 같은 삶을 사는 사람들에게서 앙코르사원 못지않은 불가사의를 느꼈다.

마지막 밤, 가이드는 캄보디아의 양면성을 느낄 수 있는 펍 스트리트로 우리를 안내했다. 불야성의 거리는 캄보디아의 슬픔 따윈 없었다. 찬 맥주와 각국의 여행객. 세계 평화를 외치는 가수와 미친 듯 박수를 치며 부르던 비틀즈의 〈Let it be〉우리는 유쾌했고 그는 최선을 다했다. 앙코르와트는 신이 되고자 했던 인간의 욕망이 낳은 결정체라는 결론을 내리며 해설을 마쳤다. 캄보디아 가이드는 그렇게 스스로 명품이 되었다. 앙코르와트를 지독히 사랑한 그는 캄보디아의 진정한 역사 선생이었다. 아무래도 그를 쉽게 잊지 못할 것 같았다.

소고기도 명품이 되는 세상에 하물며 사람이 명품 되기를 왜 거부하겠는가. 그러나 누구나, 다 명품이 될 순 없다. 명품이 되기 위해서 부단히 노력하고 단련하지 않으면 쉽지 않을 것이다. 명품이 된다는 것, 그건 최고가 된다는 것일 수도 있겠다. 최고가 되기 위한 연습이 필요하다면 도대체 얼마 만한 시간의 연습이 필요할까. 아니, 명품 연습이란 말이 합당하기는 한 것일까.

문재인 다시 보기

어느 시인은 "문재인을 잘못 봤다."라는 고백을 SNS에 올렸다.

"내가 본 문재인은 소극적이고 낯가리고 권력의지가 없고 대통령이 되면 나무 위에서 흔들리다 떨어질 것 같은 사람이었는데 전혀 다른 사람으로 나타났다."

"또 국민의 마음을 그는 읽는다. 흡사 안테나처럼, 흡사 시인처럼."이라고 썼다.

일국의 대통령에게 최고의 찬사가 아닐 수 없다.

모 일간지 주간은 "나도 문재인을 잘못 본 것 같다. 선하고 성실하고 남에게 싫은 소리 못하는 훌륭한 인품이라는 말은 익히 들었지만 리더에게 꼭 필요한 사자의 심장(용맹)

과 여우의 두뇌(간교)까지 갖췄을지 의심했다. 그러나 알고 보니 여우였다."라고 했다.

나도 문재인을 잘못 봤을지 모른다. 기분 좋게 잘생긴 얼굴에 호감이 갔지만 단호한 면을 못 본 것 같기도 했다. 다만 마음에 없는 후보가 당선되는 게 싫어서 적극 지지하지 않았나 하는 생각도 해봤다. 그런데 아니었다. 문재인은 우리를 설레게 했다. 투표 시작한 지 몇 십 년째, 대통령 때문에 설레 본 적이 있었던가. 대통령 때문에 위안이 된 적이 있었던가. 대통령 때문에 뉴스시간이 기다려진다면 믿겠는가. 하루하루 속이 후련해지며 가슴이 뻥 뚫린 듯했다. 멋진 대통령을 갖는다는 게 이렇게 신바람 나는 일인 줄 몰랐다. 나 혼자만 이런가. 내가 이상한가. 처음엔 쉬쉬하며 눈치를 봤다. 맙소사. 셋만 모이면 문재인 대통령의 파격과 소통에 살맛이 난다고, 너무 멋지다고 야단들이다.

요즘 가장 핫한 모델은 문 대통령이란 얘기가 나온다. 대통령과 관련 있는 아이템은 이른바 '문템'이라 불린다고 한다. 5월 13일 문 대통령이 기자들과 산에 오를 때 입었던 주황색 등산복은 2013년에 출시돼 현재 단종된 제품이다. 문대통령이 입고 나온 뒤 문의가 빗발쳐 업체는 300벌 한정 수량을 만들어 판매했다고 한다. 또 문대통령이 원내대표들과 회동할 때 착용한 주황색 넥타이도 국내 업체가 2012년에 만든 독도 주권 선포의 날을 기념해 제작한 것이다. 이 넥타이도 문 대통령이 매고 나온 뒤 바로 품절됐다. 놀랍게도 문 대통령은 4~5년 지난 상품들을 알뜰하게 입고 있는 모양이다. 보통사람도 4~5년 된 옷과 넥타이는 유행이 아니라고 꺼려하는데 대통령의 검소한 생활이 엿보여 놀라웠다.

이처럼 정책도 정책이지만 서민을 위한 배려와 국민을 향한 낮은 자세에 모두들 감동하는 듯하다. 전엔 신문을 보면 한숨과 함께 찌개냄비 끓듯 끓는 가슴을 주체할 수 없어 부글대며 떨곤 했는데 신기하게도 그게 다 사라졌다. 뉴스를 틀어놓은 TV를 꺼버리거나 채널을 돌리는 대신 뉴스 채

널을 찾아 리모컨을 바쁘게 움직이게 됐으니 그것 또한 신기할 지경이다. 문재인 대통령의 서민적 취향과 소통의 행보는 연일 우리를 기운 나게 한다. 이쁜 사람이 이쁜 짓만 한다고 말하며 나라님에 대한 버릇없음에 박장대소한다. 10년 가까운 세월 언제 한 번 대통령 때문에 이토록 크게 웃어본 적이 있었던가. "이럴 순 없다. 이래선 안 되는데. 어떻게 이럴 수가 있어." 하면서 탄식하며 분노하고 때론 실망하고 포기하면서 자조하던 세월을 생각하면 요즘은 신세계를 만난 듯하다. 미국의 오바마 전 대통령의 국민과 소통하는 낮은 자세를 보면서 그 멋진 대통령이 너무 부러웠었다. 〈멋진 대통령을 갖는다는 것〉이란 칼럼을 쓸 때가 불과 몇 개월 전이었다. 그때만 해도 이런 세상이 너무 요원해서 답답하고 간절했었다.

세월호의 새로운 소식에서, 5 · 18 기념식장에서, 청와대의 직원식당에서, 소통을 강조하는 원탁회의에서, 집무실에 설치된 일자리 상황판에서, 나라다운 나라를 본다면 너무 과장된 표현일까. 국민은 개돼지라고 능멸하던 깜깜이 지난 정부를 생각하면 문재인 대통령에게 거는 국민적 기대는 어쩜 당연한 건지도 모르겠다. 나라다운 나라의 든든한 대통령 문재인의 5년은 어떤 색깔로 펼쳐질 것인가. 벌써부터 설레고 기대된다. 부디 처음처럼 변함없길 바란다.

새롬이와 희망이

새롬이와 희망이는 박근혜 전 대통령이 청와대에서 키우던 진돗개 이름이다. 박 전 대통령은 2013년 2월 취임 당시 서울 삼성동 자택을 떠나며 주민들로부터 진돗개 2마리를 선물로 받았다. 박 전 대통령은 암컷에게 새롬이, 수컷에게 희망이라는 이름을 지어줬다. 같은 해 4월, 진돗개를 반려동물로 종로구청에 정식 등록하고 동물 등록증도 받았다고 한다. 2015년 8월, 첫 새끼 다섯 마리를 낳았다. 박 전 대통령은 페이스북을 통해 이름을 공모 받아 평화, 통일, 금강, 한라, 백두라는 이름을 붙여줬고 이후 새끼 다섯 마리는 일반인에게 분양됐다. 올 1월, 새끼 일곱 마리가 또 탄생했다. 현재 부모와 새끼까지 총 아홉 마리가 청와대 관저에 있다.

관저를 떠나기 전 일부 참모가 박 전 대통령에게 새롬이와 희망이를 사저로 데려갈 뜻이 있는지 물었으나 박 전 대통령이 사양했다고 한다. 청와대는 박 전 대통령이 키우던 진돗개 아홉 마리를 분양키로 하고 모든 분양 절차를 밟을 예정이라고 했다. 부산 동물학대 방지 연합은 "행정기관의 수장이었던 사람이 반려동물을 무더기로 버리고 갔다."며 박 전 대통령을 동물 유기 혐의(동물 보호법 위반)로 경찰에 고발했다고 한다.

교육방송에서 금요일 밤마다 방영하는 〈세상에 나쁜 개는 없다〉란 프로그램이 있다. 나는 이 방송을 거의 빼놓지 않고 보는 편이다. 사람으로 치면 문제아에 속하는 반려견들의 문제를 치유하는 과정을 보여주는 내용이다. 이해할 수 없는 부분도 있고 이해는 해도 받아들이기 쉽지 않은 내용도 있다. 그러나 결과는 언제나 하나다. 아무리 고약한 개라도 보호자는 절대 포기 않는다는 것이다. 할퀴고 물리고 찢어발기고, 대소변을 짓이겨 집안이 그야말로 개판이 되어도 보호자들은 한결같이 개가 안타까워 속상해하고 결국 같이 울고 만다. 끝내는 훈련사에게 요청하고 문제를 같이 해결해서 개들과 함께 행복해진다. 이 프로그램은 개와 사람은 절대 별개의 것이 아닌 것처럼 개를 위해 노력하고 고민하고 끔찍하게 개를 사랑하는 걸 보여 준다.

키우던 개를 사양했다는 박 전 대통령의 몰인정을 생각하니 소름이 오소소 돋는다. 그래도 새롬이와 희망이랑 4년 이상 정들었을 텐데 어떻게 그렇게 냉정할 수 있었을까. 새 주인을 찾는다 해도 그 낯선 환경에서 얼마나 혼란스러울까. 박 전 대통령은 진정 아무 생각 없이 진돗개를 사양했을까. 진돗개들이 무분별하게 입양돼 불행한 삶을 살거나 보호소로 가지 않도록 돕고 싶다고 동물단체 케어는 청와대에 공문을 보내왔다고 한다. 더구나 주민들이 선물한 진돗개라면 사저로 다시 돌아올 때 건강하게 자란 모습의 개들과 같이 왔어도 모양새가 좋았을 텐데 말이다. 박 전 대통령은 우리들의 정서와 좀 다른 듯하다. 세월호의 절박한 시간 속에서도 머리손질을 하는 데 시간을 다 허비한다거나 탄핵을 당하고도 미운 정이라도 들었을 국민들에게 작별인사 한마디 없이 야반도주하는 사람처럼 밤에 갑작스럽게 청와대를 떠난 것도 정상은 아닌 것 같다. 참, 정 없는 사람이라는 생각이 든다. 혼자 밥 먹고, 혼자 TV 보고, 참모들과 대면하기 싫어 서면이나 전화로만 업무를 처리했다는 것도 다 정이 없이 냉랭한 성격 탓이 아니었나 싶다. 그간 진돗개와 함께한 4년 세월이 애틋하지도 않았나 생각할수록 야속했다. 말이 나왔으니 말이지만 하다못해 오디션 프로그램에서 탈락한 10대 소녀들도 탈락한 소감을 얘기하면서 정든 시간을 아쉬워하며 울면서 무대를 떠나간다. 물론 이런 예가 마땅한지는 모르겠지만 아쉬워하는 마음은 인간의 기본이 아닌가 싶다. 자존심도 아니고 어깃장도 아니라면 답답하고 방자한 사람인 것 같다. 키우던 개도 버리고 온 사람이 뭐 그리 살뜰해서 자신을 탄핵한 국민들을 돌아볼까. 따뜻하게 소통하지 못하는 사람이 어찌 국민의 아픔을 어루만지고 치유할 수 있단 말인가. 어쩌면 잘됐는지도 모른다. 인정 없는 사람에게 상처받는 것보다 따뜻한 마음을 지닌 다정한 사람에게 입양돼서 맘껏 사랑받는 편이 더 나은지도 모르겠다. 부디 주인에게 배반당한 새롬이와 희망이가 새로운 곳에서 행복해지길 바라는 마음이다.

우울한 스승의 날

내가 여고생이었을 땐 모든 선생님들이 이십 대였던 걸로 기억한다. 아니, 꼭 이십 대가 아니었는지 몰라도 모두 젊고 근사했었다. 세련된 옷차림, 멋진 목소리, 정의로운 말씀, 적당한 위엄까지 뭐 하나 설레지 않는 게 없었던 것 같다. 굵은 저음에 달콤한 서울 말씨, 잘생긴 얼굴로 언제나 주머니에 한 손을 넣고 수업을 하시던 독특한 모습의 사회 선생님, 큰 키에 생기 있는 목소리와 절도 있는 몸가짐으로 화통하셨지만 우리를 늘 긴장시키고 압도했던 매력적인 교련 선생님, 껌 씹는 학생을 제일 싫어했던 한문 선생님, 여자 팔자 뒤웅박 팔자란 말을 발작적으로 싫어했던 화학 선생님, 장관 부인 되려면 3년 열심히 공부하고 엿장수 부인 되려면 3년 열심히 놀라고 협박(?)을 하시던 영어 선생님. 아마 선생님들은 우리가 식민지적인 삶을 사는 여자가 되지 않기를 바라는 마음이 간절해서 그러셨을 것이다. 다 그립고 아련한 추억 속의 은사님들이시다. 더 이상 볼 수 없으므로 이미 고인이 되신 은사님이 더욱 애틋하고 그립다. 그 진한 사랑과 따끔한 가르침 속에서 울고 웃던 시간이 애틋해서인지 올해 스승의 날은 유난히 옛 은사님들이 뵙고 싶다. 스승의 날은 언제나 이팝나무 꽃과 함께 오는 듯하다. 올해는 꽃이 너무 빨리 피는가 싶더니 자취도 없이 사라지고 초록 잎만 무성하다. 이팝나무 꽃을 볼 때마다 그 수북함에 놀라는데 마치 넘치도록 푸짐하게 한가득 피는 이팝나무 꽃처럼 스승님의 은혜에 감사하라는 의미로 느껴진다.

"스승의 날이 일요일이라 오히려 속 편하네요."

신문을 뒤적이다 발견한 스승의 날 기사 제목이다. 안타까움에 가슴이 무지근하다. 우리는 왜 스승의 날 선생님 가슴에 카네이션을 달아드릴 수 없는 걸까.

우리 집 낡은 앨범엔 아주 특별한 흑백사진 한 장이 있다. 내가 중학교 다닐 때 사진인데 운동장에 천막을 치고 스승의 날 행사 중 찍은 사진이다. 친정엄마가 올린 머리를 하고 한복을 곱게 차려입고 교장 선생님께 꽃다발을 전달하는 사진이다. 어머니의 여고 은사님이 우리 학교 교장선생님으로 부임하신 해 어머니가 마련하신 자리였다. 지금 생각해도 참 흐뭇하고 귀한 모습이었다. 아니, 스승의 날 기념이라고 쓰인 하얀 천막이 더 귀한 모습인지도 모르겠다.

내 아이의 생애에 가장 영향력 있는 사람은 선생님이 아닐까 항상 생각한다. 그 예민한 시기에 물론 책도 좋고 문화도 중요하겠지만 선생님의 따뜻하고 때론 따끔한 말 한마디가 아이의 인생에 큰 의미로 작용할 거라 생각하면 선생님이 얼마나 귀한지 선생님께 드리는 선물은 아까울 게 없을 것 같다. 물론 큰 액수의 돈과 선물은 무리겠지만 또 그런 선물을 덥석 받을 선생님이 몇 분이나 되겠는가. 세상이 변해서 선생님도 못 믿을 세상이 됐다지만 그래도 선생님 말씀에 귀감을 얻고 선생님 표정에서 위안을 받고 선생님의 가르침에 인격이 형성되는 건 예나 지금이나 크게 다르진 않을 것이다. 어쨌든 그립다. 스승의 날에 카네이션을 들고 조심스레 등교하던 아이의 들뜬 모습, 은사님께 점심 대접을 하기 위해 정갈한 음식점 앞에 무리 지어 서 있던 순수한 제자들의 살뜰한 모습. 당연한 것들이 왜 이렇게 어렵고 힘든 일이 돼버렸는지 참 우울하다.

내 주변엔 교사가 많다. 물론 직업이라 생각하면 여느 직장인과 다를 바 없을 것이다. 그러나 그들의 일과는 너무 수고롭고 보배롭다. 아이들을 안전하게 보호하고 행복하게 간수하고 선생님은 아이들의 위안이자 멋진 파수꾼이다. 그런 그들이 촌지를 생각하고 근사한 선물을 기대하고 있다고 상상하는 건 너무 죄송하다. 종이컵에 물 한 잔 떠놓고 학부모와 상담하는 게 익숙해졌다는 우리들의 선생님들.

그 냉수만큼이나 맑고 깨끗한 마음 존경합니다. 세상의 모든 선생님들 은혜에 하늘만큼 감사드립니다.

총장님! 살려주세요

대구 서문시장은 내 사업상 주요 거래처가 있는 곳이다. 그래서 한 달에 한번은 꼭 서문시장에 간다. 이번 화재가 났을 때의 안타까움은 이루 말할 수 없었다. 다행히도 몇 군데 빼고는 거의 무사했다. 지난달 화재 후 처음으로 서문시장에 들렀다. 화재가 난 4지구를 둘러보면서 울컥했다.

미성당 2지구 지하/성주주단 대신 지하상가 37호/홍진사 5지구 1층으로 이전/풍남수예 1지구 2층/블링블링 동산상가 2층 10열 22호/동양 와이셔츠 5지구 1층

불 타 없어진 상가도 상가지만 화재현장을 가린 펜스에 덕지덕지 붙은 점포 이전 알림 종이 때문이었다. 예전 이산가족 찾던 폿말처럼 다급하고 간절하고 필사적으로 보였

다. 시커멓게 타버린 4지구 쪽을 보니 가슴이 탁 막혔다. 20년 가까이 다니던 정겹고 살뜰한 곳이었다. 내 맘이 이럴진대 화재로 터전을 잃은 사람들은 얼마나 춥고 절망스러울까. 너무 아쉽고 허망해서 사진 몇 장을 찍었다. 시장에 올 때마다 솜씨 좋은 손칼국수를 먹곤 했는데 그 칼국수집이 아슬아슬하게 화재를 면하고 여전히 영업 중이었다. 마주 보이는 담벼락에 성황당처럼 울긋불긋 붙은 이전장소 알림 종이를 바라보면서 비애를 씹듯 칼국수를 씹었다. 그때 어디선가 날카로운 호루라기 소리가 연이어 들려왔다. 시장 문 닫을 시간이 가까운 여섯 시가 다 되어 가는데 웬 호루라기 소리인가 궁금해 소리 나는 쪽으로 발길을 옮겼다.

어디서 그 많은 사람들이 순식간에 모였을까. 밀려드는 사람을 통제하느라 경찰들이 애를 먹고 있었다. 양손에 태극기를 든 사람들이 하나둘 모여들기 시작했다. 어묵을 파는 아주머니한테 물으니 반기문이 온다고 말한다. 벌써 팔았을 어묵이, 밀려드는 사람들 때문에 이렇게나 남았다고 오만 짜증을 내는 아주머니에게는 반기문이, 어묵 하나 팔아주는 손님만 못한 것 같았다. 먼저 와서 기다리던 사람들이 슬슬 짜증을 내며 다섯 시에 온다는 사람이 여태 안 온다고 불만을 터트렸다. 태극기를 든 사람들이 반기문, 반기문을 연호하기 시작했다. 사람들에게 떠밀리면서도 나도 반기문이 보고 싶었던가. 그곳을 떠나지 못했다. 경찰들은 계속 호루라기를 불어 댔다. 사람들에게 밀리면서 잠깐 생각했다. 대선후보자도 아닌 한 사람을 위해서 경찰이 시민을 통제하고 생업을 방해하며 이 많은 시간을 빼앗아도 되는가 하고 말이다. 얼마의 시간이 지났을까. 이윽고 반기문 전 총장이 차에서 내렸다. 그야말로 인산인해의 인파를 뚫고 서문시장 화재대책위원회 사무실까지 가는데, 압사 직전의 인파에 시달리는 노구가 걱정이 됐다. 얼마 후 그가 대책위원회 사무실에서 나오자 기자들에게 둘러싸여 한 걸음도 제대로 걸을 수가 없었다. 그때 군중 속에서 다급한 목소리가 들려왔다. "총장님! 대구를 살려주세요! 총장님!

대구 경제를 꼭 좀 살려주세요!" 거의 울부짖는 목소리였다. 아니, 지푸라기라도 잡는 심사였을까. 순간 군중 속에서 그는 전지전능해보였다. 시커먼 화재현장이 금방이라도 원상복구 될 것 같았다. 실제로 그가 통제구역인 칠흑 같은 화재현장으로 들어갔을 땐 조마조마하기까지 했다. 혹시 기적이라도 일어나는 것이 아닌가 하고. 그러나 그는 10년 동안 유엔 사무총장직을 마치고 귀국한 지 일주일도 안 되었고 또 시민과 함께 부대끼며 성장하지 않은 정치인일 뿐이었다.

반기문 전 유엔 사무총장이 전격 대선 불출마를 선언했다. 20일 만에 현실 정치의 벽 앞에서 좌절한 것이다. 한국인으로서는 첫 국제기구 수장이라는 자산을 바탕으로 유력 대선주자로 출발했지만 준비되지 않은 정치인의 모습만 보여주고 짧은 정치 여정을 접었다고 언론은 보도했다. 다른 분야에서 쌓은 식견으로 정치할 수 있다고 생각했으니 그의 실패는 당연했다고 봐야 한다고도 했다. 갑자기 대구 경제를 살려달라고 외치던 간곡한 여인의 외침이 생각났다. 이제 반기문 전 총장은 대구 경제와 아무 상관도 없는 사람이 되어버렸다.

전주를 구하다

6

소리를 평가하다

판소리를 배운 지 벌써 10년이 돼간다. 워낙 판소리 듣기를 좋아해서 시작했지만 부르는 것도 쉽지 않고 들을 수 있는 기회도 다른 음악에 비해 많지 않다. 그저 특별한 모임이 있을 때 주변의 추임새에 맞춰 부르곤 하는데 생각보다 열광하는 사람이 많다. 부르진 못해도 판소리를 듣고 싶어 하는 사람이 많다는 얘기다. 3분에서 5분쯤 걸리는 단가 한 곡 부르는데도 그렇게 흥에 겨워 즐거워하는 걸 보면 역시 소리의 고장에 사는 사람들답다. 듣는 실력들이 대단해서 소위 말하는 귀명창들이다. 듣고 평가하는 능력들이 모두 수준급이다. 그래서 더 조심스럽고 좀 더 잘하고 싶지만 소리는 마음만 갖고서는 안 되는 것 같다. 다른 지역에서 오는 사람들 앞에서 간혹 소리를 할 때가 있는데 너무 신기해하며 흥겹게 반응한다. 그래서 우리 판소리가 가장 한국적인 소리라고 하는지도 모르겠다.

소리를 잘하려면 자주 듣는 것만큼 좋은 방법이 없는 것 같다. 잘하는 판소리를 듣고 싶은 욕심에 목말라하던 차에 반가운 소식이 들렸다. 제43회 전주 대사습놀이 전국대회 판소리 명창부에서 올해 처음이자 국악 최초로 청중평가단을 모집한다는 것이었다. 판소리 명창부문 본선 때 심사위원 점수와 청중평가단 점수를 합해서 장원을 뽑는다고 한다. 꼭 합격해서 명창들의 갈고 닦은 소리를 맘껏 듣고 싶었다. 그리고 내 듣기 실력도 궁금해졌다. 신청서를 내고 일주일 후 합격했다는 문자가 왔다. 설레고 기뻤다.

본선이 있는 9월 11일 국립무형유산원 대공연장에서 아침 10시부터 교육이 있었다. 처음으로 가본 국립무형유산원의 웅장함에 깜짝 놀랐다. 이 건물을 지을 때만 해도 한

벽루에서 바라본 시야가 너무 삭막해서 불만이었는데 지금 와서 보니 얼마나 다행스러운지 모르겠다. 우리나라 무형문화유산의 전통의 멋과 흥을 느낄 수 있는 공연장을 비롯하여 무형유산 영상을 통해 과거를 만나볼 수 있는 아카이브 자료실, 그야말로 무형유산을 온몸으로 체험할 수 있는 모든 시설을 갖추고 있었다. 무엇보다 손에 잡히지 않는 무형문화유산을 생생히 만지고 체험할 수 있도록 다양한 프로그램을 준비하고 진행하고 있다고 해서 더욱 놀랐다.

국립무형유산원 대공연장을 가득 메운 전주 대사습놀이 본선은 그야말로 시민과 관광객이 어우러진 대동제였다. 판소리 명창부문 본선에는 심사위원과 청중평가단 점수(점수는 단말기를 사용한다.)가 90점 미만이면 장원은 없다. 혼신의 힘을 다해 부르는 〈흥부가〉 중 '흥부 매 맞는 대목'은 슬픔의 도가니로 몰아넣으며 청중을 압도했다. 흥부가를 부른 광주 참가자 방윤수 씨가 장원을 차지해 명창 반열에 올랐다. 전주 대사습놀이 전국대회는 장장 4시간의 생방

송으로 전국에 중계됐다. 탁월한 명창을 뽑아야 한다는 부담감도 있었지만 한데 어우러져 모든 분야를 즐기는 것도 큰 기쁨이었다. 다만 본선에 진출한 판소리 참가자가 많았으면 하는 아쉬움이 있었다. 더불어 정말 아쉬웠던 건 관람객의 성숙하지 못한 태도였다. 생방송의 조심스러움에 모든 게 아슬아슬했다. 시간에 상관없이 중간중간 입장하는 관객들의 산만함에 집중할 수 없어 안타까웠다. 관객들을 안내하고 통제하는 사람이 없는 듯해 크게 혼란스러웠다.

이번 대사습놀이 수상자들 대부분이 서울 출신인 듯했다. 우리 전북 쪽에서는 큰 성과를 내지 못한 것 같다. 주최하는 전주시에서 입상자가 많이 나왔으면 하는 바람도 가져본다. 올해 전주 대사습놀이는 최초로 판소리 명창부 본선에 청중평가단 제도가 도입돼 심사의 공정성을 확보한 것은 일반인이 심사를 통해 경연에 참여하면서 대중성을 강화한 대회로 기록됐다는 신문 보도에 크게 공감한다. 투명한 심사로 제대로 된 실력자를 명창으로 뽑았다는 자부심에 자랑스럽다. 올해 대회의 공정성과 대중성을 계기로 내년부터는 판소리 명창부문 장원 대통령상의 명예와 권위를 되찾길 바란다.

스프링 인 전주 Spring in Jeonju

이팝나무 꽃이 눈처럼 피어 있는 4월의 끝. 전주의 4월의 끝은 끝의 의미보다 시작의 의미가 더 큰 듯하다. 아마 전주국제영화제가 개막했기 때문일 것이다. Jeonju in Spring (전주 인 스프링)이라는 기치 아래 4월 30일 제 16회 전주국제영화제 개막식이 전주종합경기장에서 열렸다. 영화의 거리, 종합경기장, CGV 효자점을 중심으로 5월 9일까지 열흘 동안 축제가 펼쳐졌다. 지난해 세월호 참사로 각종 부대행사가 취소됐던 걸 생각하면 모든 행사를 아무 탈 없이 즐길 수 있는 것만으로도 보배롭고 감사했다. 영화에 집중했던 작년 영화제와는 달리 올해는 공연, 전시, 야외상영, 푸드트럭 등으로 축제성을 강조했다고 한다. 개막식과 시상식에 일반 좌석수를 늘려 가족단위 관람객을 끌어안겠다는 생각 같았다.

영화제의 관심사는 역시 레드카펫 행사인 듯 식장이 꽉 차 있었다. 세계 각국의 감독과 배우들이 속속 등장했다. 대단한 환호는 없었다. 민망했다. 산발적으로 짝짝대는 박수소리뿐 생소해서인지 수줍어서인지 국제영화제 레드카펫 행사장이라고 하기엔 너무 조용했다. 물론 모르는 감독과 배우에게 환호성을 지르기엔 좀 쑥스럽기도 했겠지만 우리 고장 축제에 참석한 귀빈이라 생각하면 그렇게 소극적이고 덤덤한 환영은 좀 아쉬움으로 남았다. 잘 알려진 임권택 감독의 등장도 그다지 큰 환호는 없었다. 가장 한국적인 도시 전주의 점잖고 담담함 때문이라고 하기엔 좀 힘이 빠졌다. 밋밋함이 싫었던가. 한 감독과 배우는 자기가 박수를 치고 관객의 환영 분위기를 끌어내며 긴 카펫을 흥겹게 걸었다. 서로의 민망함에서 벗어나니 그것도 괜찮았다. 행사 끝 무렵에 전주 출신 꽃미남 배우가 나오자 비로소 박수

소리가 커지고 휘파람소리와 함께 크게 환호하는 분위기가 만들어져 그나마 다행이었다. 불꽃놀이와 축하공연 가수의 열창으로 분위기가 한껏 고조됐다.

개막작 상영은 실망이었다. 야외 상영장의 산만함 때문이었을까. 상영 중 자리를 뜨는 관객이 너무 많았다. 영화에 집중이 안 돼 몰입할 수 없어 짜증이 났다. 밀폐된 극장에서는 상상할 수도 없는 일이었다. 거기다 낮과 밤의 기온차가 심해 추위를 감당할 수 없었다. 온몸을 웅크리고 두 시간 가까이 영화를 감상하기엔 플라스틱 의자는 너무 불편했다. 또 어디에 보관했던 의자인지 마음껏 기대지도 못할 만큼 불결했다. 좀 더 세심함이 필요했던 부분이었다. 나중에 안 일이었지만 추위 때문에 영화를 끝까지 보지 못한 사람이 많았다고 한다. 상영관 확대라는 취지는 좋았지만 다소 무리한 계획이 아니었나 싶다. 영화의 거리는 어느 영화제 때보다 한산하고 심심했다. 종합경기장으로 분산된 인파 때문인지 거리는 열기가 빠진 듯 밋밋했고 몇몇 행사도 흥이 나지 않아 때때로 지루했다.

메인 상영관 CGV 효자점은 자랑스러웠다. 영화의 거리의 유서 깊은 극장들은 세월이 주는 전통성에, 좀 낡았지만 예스러움이 정다워 별 불만은 없었다. 그러나 최신 기술을 도입한 CGV는 세계의 손님들과 다른 지역의 영화팬들을 귀하고 쾌적하게 모신다는 자부심에 내집인 양 내내 기분이 좋았다. 올해는 교통사정으로 인한 관람객 사정을 고려한 조치로 상영시간 뒤 5분, 15분 두 차례 입장 기회를 제공했다. 정시 입장에 익숙한 탓에 처음엔 소란해서 불만이었지만 다정한 배려라고 생각하니 참을 만했다. 봄의 한복판에서 시작됐던 영화제는 지는 꽃과 함께 끝이 났다. 좋은 날씨와 긴 연휴가 맞물려 한바탕 꿈을 꾼 듯 환상적이었다. 조직위원장의 말처럼 봄날의 추억, 맛과 멋이 곁들여진 영화 여행을 다녀온 듯 나른하다. 어떤 행사든 시행착오는 있는 법. 완벽함을 기대하는 건 무리일 수도 있다. 영화제 관계자들의 노고가 아니었으면 이 큰 축제가 무사히 끝나기는 힘들었을 것이다. 전주국제영화제의 영원한 발전을 위하여 축배를 높이 든다.

시네마 천국

봉준호 감독의 새 영화 〈옥자〉가 6월 29일 극장 상영과 동시에 넷플릭스 서비스를 통해 제공되었다. 개봉 전까지 이래저래 소음이 많더니 개봉 후에도 불법으로 유출되는 등 신경 써야 할 일도 많았지만 덕분에 작품 홍보 효과를 톡톡히 보는 듯하다. 멀티플렉스와의 갈등으로 극장에서 〈옥자〉를 못 볼까 내심 걱정했는데 옛 추억이 서린 작은 극장에서 모처럼 고향에 온 기분으로 영화를 볼 수 있었다.

그간 수익이 될 만한 것이나 제작에 관여한 작품 등을 우선적으로 상영관에 올려 줄을 세우곤 했던 멀티플렉스의 횡포로 수준 높은 영화이면서도 흥행성이 떨어진다는 이유로 상영되지 못했던 영화들이 안타까웠었다. 앞으로 이런 영화들은 작은 극장에서 맘 놓고 볼 수 있는 계기가 된 것 같아 내심 기뻤다. 영화만 좋으면 시설 따위는 상관없을 듯했다. 사실 장마철 퀴퀴한 냄새가 나는 옛날 극장이 정답기도 했으니 말이다.

멀티플렉스 영화관이 처음 문을 열었을 때 신세계를 만난 듯했다. 퀴퀴한 냄새와 으슥한 기존 극장은 때때로 치한 걱정을 하며 드나들던 곳이기도 했었다. 실제로 모든 불량한 사건들이 극장을 중심으로 일어나기도 했다. 새로운 형태의 영화관은 과연 멀티라는 이름에 걸맞게 모든 게 갖춰져 있었다. 한곳에서 여러 편의 영화를 볼 수 있었고 카페와 음식점, 그리고 쇼핑시설까지 들어서 있었으니 가히 놀랄 만했다. 그리고 그 쾌적함이라니—. 커피 한 잔 사들면 어디든 근사한 만남의 장소가 됐고 휴식 공간이 됐다. 처음엔 영화보다 극장에 더 매료됐다. 첨단시설로 감상의 질이 높아진 건 말할 것도 없고 테이블이 있는 상영관, 다양한 예술적 공간, 파우더 룸과 어린이 변기까지 있는 카페 같은 화장실, 기존 극장의 가장 두려운 곳이 화장실이었던 걸 생각하면 이 모든 게 경이롭기까지 했다.

흠 없어 보이는 멀티플렉스가 고맙고 신기해서 한동안 아낌없이 사랑했었다. 그러나 그런 밀월관계도 잠시. 자꾸만 낯설고 곱지 않은 것들이 보이기 시작했다. 횡포인가 시스템 문제인가. 차츰 볼 만한 영화들이 멀티플렉스에 걸리지 않는 것이다. 상영일수가 고작 일주일도 안 되고 상영된다 해도 상영 횟수가 하루 2회 정도다. 시간도 조조나 심야에 편성돼 있다. 맞지 않는 시간 탓에 거의 놓치는 영화가 많았다. 며칠 전 보고 싶은 영화가 있어 시간표를 확인해봤더니 새로 개봉한 외국영화는 무려 35회 상영으로 나와 있었고 내가 보려는 영화는 2회뿐이었다. 그것도 24시와 아침 9시로 되어 있었다. 결국 시간이 안 맞아 못 보고 말았는데 이건 거의 횡포에 가까웠다.

〈옥자〉상영관은 영화 관람료도 거의 반값이었다. 멀티플렉스의 쾌적함과 다양함은 결국 우리의 비싼 입장료 덕분이었다 싶으니 살짝 입맛이 썼다. 쾌적함과 첨단을 포기하면 저렴한 가격에 내가 보고 싶은 영화를 실컷 볼 수 있을 거라 생각하니 멀티가 마냥 좋은 것만은 아닌 듯싶었다. 그러나 방법이 아주 없는 건 아니다. 우리 전주엔 독립영화관이 있다. 이곳은 자랑스러운 문화시설 중 하나다. 순수 예술 영화나, 고전 명화, 희소성 있는 영화를 원한다면 독립영화관에서 다 해결할 수 있다. 저렴한 가격에 원두커피까지 마실 수 있고 조용하고 점잖은 분위기가 좋다. 무엇보다 느끼한 팝콘 냄새 없이 영화감상이 가능하다는 것이다. 고즈넉한 독립영화관 1층 자료열람실은 냉방시설이 잘돼 있고 이곳엔 수백 가지의 DVD가 갖춰져 있다. 놀랍게도 이곳에선 입장료 1000원만 내면 하루 종일 영화를 골라 볼 수 있다. 개별로 앉아 헤드폰을 꽂고 볼 수 있기 때문에 누구의 방해도 받지 않고 영화감상에 몰입할 수 있다. 한번 입장으로 여러 편의 영화를 볼 수 있다. 거기다 당일 영화관 유료 관람객, 후원회원, 지프 서포터즈, 도서 열람, 전주 국제영화제 아카이빙 작품은 무료로 이용할 수 있다. 신세계는 멀티플렉스에만 있는 게 아니다. 영화를 사랑하고 누리려는 사람들에게 이곳이야말로 영화천국이 아니겠는가.

詩요일

그땐 몰랐다.

노란 은행잎을 자분자분 밟으며 향교 쪽으로 걸어갈 때만 해도 보고 싶은 사람이 그렇게 많이 생길 줄 정말 몰랐다. 결핍과 메마름으로 서걱대던 그 가을, 물 위의 꽃처럼 질정 없이 흔들리며 떠내려갔던 곳 그곳에 순금의 시가 있었고 도발의 시인이 있었고 위안의 저녁이 있었다.

그 봄, 꽃의 풍장을 애도하듯 벚꽃 비 속을 천천히 걸어 당도했던 곳, 그곳엔 백석과 나타샤와 붕어곰이 있었다. 그리고 백석을 향한 뜨거움으로 데일 지경이었다. 찬 맥주와 버석대는 북어를 씹으며 시가 세상을 구할 수 있을 거라고 굳게 믿던 그 봄밤의 열기가 그립다.

입덧하듯 울렁대며 다시 파꽃 밭으로 갔을 때 징글징글하게 아름다운 시를 쓰는 시인은 세상 사람들 마음을 온통 헝클어놓고 아는지 모르는지 그저 무심하다.

파꽃 밭에서 다시 만난 그대들이여, 끝끝내 사랑해도 되겠습니까?

전주를 구하다

그날 펴붓듯 내리던 눈이 무섭게 느껴졌다. 눈은 이미 낭만이나 기적의 분위기를 상실한 채 무기처럼 우리를 위협했다. 빙판과 끊긴 버스, 승차를 거부하는 택시, 도로에 엉긴 차들로 퇴근길은 전쟁터가 되어 있었다. 제대로 이루어지지 않은 제설작업과 빙판의 도로, 운행되지 않는 버스의 횡포는 여전했다. 거리의 아수라를 보자 진저리가 났다. 짐짝처럼 포개져 두 시간 반 만에 집에 도착했던 그 끔찍한 첫눈 오던 날 퇴근길이 생각나서였다.

혁신도시행 버스는 두 개의 노선이 20분 간격으로 운행되고 있었다. 동물원과 전주역에서 막차 출발시간이 각각

10시 35분이었다. 그런데 9시 이전부터 버스가 모두 끊겨버렸다. 미친 듯이 택시를 향해 손을 흔들었지만 그 어떤 택시도 서지 않았다. 막막했다. 터미널에서 전주역 쪽을 바라보며 망부석처럼 얼마를 서 있었을까. 그때 가방을 들고 눈을 하얗게 뒤집어쓴 두 남자가 내게 말을 걸었다. 행정연수원 가는 버스 시간표를 물었고 불만이 가득한 목소리였다. 외지 사람이 분명했다. 기다린 지 오래됐는지 외투에 쌓인 눈을 연신 털고 있었지만 잘 털어지지 않았다. 두 남자는 춘천에서 행정연수원에 연수차 왔으며 버스를 기다린 지 삼십 분도 넘었다며 매우 불만스러워했다. 날씨 탓을 하면서 두 남자를 안심시키며 서 있었지만 이 모든 게 내 탓인 양 민망했다. 기다리는 버스는 오지 않고 눈만 지긋지긋하게 내렸다. 택시는 아예 등을 꺼버리고 휙휙 지나쳤다. 이건 거의 테러수준이었다.

난 팔달로 쪽으로 가보기로 했다. 혹시 165번이 한 대라도 있을지 몰라서였다. 두 남자가 날 따라오기 시작했다.

어차피 165번을 타면 행정연수원까지 갈 수 없기 때문에 차라리 그곳에서 택시를 타라고 했는데도 현지인을 믿을 수밖에 없다면서 한사코 날 따라왔다. 두 사람은 전주시의 무책임을 질책하며 원망했다. 전주의 첫인상이 엉망인 듯해 미안하기도 하고 부끄럽기도 해 뭔가 착오가 있을 거라고 변명도 해가며 같이 걸어갔다. 갑자기 나도 피해자란 생각에 분노 같은 게 울컥했고 낯선 사람에 대한 부담 때문인지 피로가 몰려왔다. 눈길에 넘어지지 않으려고 펭귄처럼 뒤뚱대며 터미널에서 중앙시장까지 무려 세 구간을 걸어갔지만 165번 버스는 없었다. 승강장마다 사람들이 발을 동동 구르며 서 있었다. 이젠 화가 나서 추위도 느껴지지 않았다. 그리고 내 앞에 두 연수원 남자가 너무 버거웠다. 제발 모텔이라도 찾아 떠났으면 하는 생각이 간절했다.

기다린 시간이 아깝고 오기가 생겨 어떻게든 버스로 가 보려고 했는데 결국 집에 있는 남편에게 전화를 했다. 그곳에서 나오는 길도 만만치 않아 보여 나 혼자 고생하고 말겠다 싫었는데 어쩔 수 없었다. 연수원 남자들은 연신 시청 민원실에 전화를 해대며 통화가 안 된다고 이해할 수 없는 도시라며 노발대발했다. 심지어 이런 곳에서 어떻게 사느냐고 빈정대는 말투로 묻기까지 했다. 자존심까지 상하며 역정이 났지만 드러낼 수는 없었다.

남편이 도착할 시간이 가까워올수록 두 남자를 설명하는 일이 난감했다. 그리고 낯선 사람 태웠다가 사고라도 나면 어쩌나 걱정이 됐다. 이래저래 갑자기 머릿속이 복잡해졌다. 도착한 남편에게 그간 사정 얘기를 했더니 고맙게도 흔쾌히 승낙을 했다. 두 사람은 구세주를 만난 듯 기뻐하며 고마워했다. 참으로 느릿느릿 행정연수원에 도착했다. 두 사람이 내리면서 좀 전에 전주에 대한 안 좋은 인상이 두 분 덕분에 다 없어졌다며 크게 웃었다. 다행이었다. 집에 오자 12시가 넘었다. 지난한 귀갓길이었다.

후배에게 어제 귀갓길 전쟁터를 전하며 연수원 사람들

얘기를 했더니 “선배가 전주를 구했어요!” 하며 웃었다. “전주를 구했다고?” 너무 거창해서 난 박장대소했다. 그 사람들 연수에 차질이 생겼으면 우리 전주를 얼마나 원망했을까. 또 사람의 도시, 품격의 전주의 이미지가 어떻게 됐을까. 생각하면 아찔했다.

품격의 도시

혁신도시로 이사한 지도 벌써 4년째로 접어들고 있다. 처음 이곳에 이사 왔을 땐 후회막급이었다. 12개의 기관들이 들어오고 그야말로 뭔가 혁신적인 삶이 펼쳐질 것을 기대하며 이사했는데 정주여건이 말이 아니었다. 연일 먼지는 꽃가루처럼 날리고 어딜 가나 신축현장이 있어 소음으로 견딜 수 없었다. 버스 노선도 너무 열악해서 시내 나가는데 한 시간 넘게 걸렸다. 그것도 배차시간이 길어서 전주대까지 가는 데도 혁신도시에서 이미 콩나물시루였다. 혁신은 고사하고 그야말로 시골구석에 갇힌 꼴이었다. 택시를 타면 아무리 설명을 해도 기사도 우리 집을 못 찾고, 나도 우리 집 가는 길을 자신 있게 대답할 수가 없었다. 거기다 전주—완주간의 끊임없는 요금시비에 거스름돈은 아예 받을 생각도 말아야 했다. 전주사람인 나도 이 지경으로 힘든 혁신도시에, 타 지역에서 오는 기관 직원들은 정주하기 쉽지 않았을 것이다. 그래서 한때 혁신도시는 주말이면 텅 비는 유령도시라는 말도 있었던 것 같다. 3년이 지난 지금은 너무 살기 편리하고, 문화적이고, 멋진 도시가 돼 있어 이사 잘했다는 생각이 든다. 이 모두가 전라북도와 전주시, 그리고 완주군의 합심으로 인한 결과라고 생각하고 감사하고 있다. 때로는 너무도 살뜰한 배려에 매일 달라지고 있는 도시의 모습을 보며 흐뭇해서 살맛나는 요즘이다.

전주시에서 60년 만에 시내버스 노선을 개편한다고 대대적으로 홍보하고 현수막도 걸고 해서 너무 기대됐다. 처음보다 많이 좋아지긴 했지만 그간 버스 때문에 애먹던 생각을 하면 설레기까지 했다. 개편 첫날은 시간표를 몰라서 이용을 못했는데 딸이 스마트폰 버스 어플을 설치해줬다. 마침 모임이 있는 날이라 새로운 노선 7-1을 타고 시내에 나갔다. 세상에! 신세계가 따로 없었다. 30분 만에 시내에 도착했다. 평소보다 30분은 빨라진 듯했다. 누가 노선을 짰는지 신의 머리인 듯 놀라웠다. 어찌됐든 교통과 직원들의 노고 이려니 싶었다. 담당자들에게 경의를 표하는 바이다.

모임 장소인 시청 앞에서 내리면서 그만 쇼핑백을 두고 내렸다. 둔하게도 30분 후에야 알았다. 발을 동동 굴렀지만 이미 버스는 수많은 사람들이 타고 내렸을 것이고 누가 가지고 내린들 신경이나 썼겠는가. 그야말로 신고하나 마나라고 생각했다. 그래도 주변 사람들이 혹시 모르니 시청 교통과에 전화해보라고 야단들이었다. 교통과 직원은 생각보다 친절했다. 다급해서 말이 빨라진 나를 진정시키며 노선번호, 내린 시간 등을 차근차근 물으며 알아보고 연락해주겠다고 했다. 사실 별로 기대는 안 했다. 모임 회원 중 축하할 일이 있는 회원이 있어서 선물을 가지고 가던 차였기에 빈손이 민망해서 발을 굴렀지만, 내 불찰이 야속할 뿐 찾을 수 있을 거란 마음도 무리라고 생각했다. 모임이 끝나고 가려는데 교통과에서 전화가 왔다. 7-1 기사님이 쇼핑백을 보관하고 있다고 전화번호를 알려주었다. 연결된 기사님은 어디 계시냐고 친절하게 물었다. 시청 부근이라고 했더니 삼천동 종점까지 찾으러 오시려면 힘드니까 시청 앞을 통과하는 시간이 2시 45분쯤이라고 시청 앞 승강장으로 오라고 했다. 세상이 환해지는 느낌이었다. 선물을 찾아서가 아니라 그 많은 사람들이 타고 내린 버스에 포장된 선물꾸러미가 그대로 있었다니 참으로 감동적이었다. 참 살 만한 세상이구나 싶었다. 버스 기사님께 작은 정성을 건네고 쇼핑백을 받아들었을 때의 감사한 마음은 순전히 전주 시민을 향한 것이었다.

새로 신설된 노선의 기분 좋음이 멋진 기사님으로까지 연결된다 싶으니 그간 버스로 받았던 불만과 불편함이 일시에 가시는 듯해 더욱 기분이 좋았다. 오늘은 모든 게 경이로웠다. 새로 생긴 7-1의 단축된 시간, 잃어버린 짐을 찾을 수 있었던 여러 사람의 정직함, 그리고 환승 없이 집으로 가는 길의 7-2 버스까지. 뭐 하나 감사하지 않은 게 없었다. 시민이 불편하지 않고 당당해질 수 있는 것, 정직한 시민이 있어 마음이 환해지는 것, 이게 바로 품격의 도시 아니겠는가.

한국의 꽃심, 전주

전주에 사는 즐거움엔 여러 가지가 있겠지만 요즘 난 전주시청의 매력에 푹 빠져 있다. 지난 겨울 급히 서류가 필요해 마감시간이 가까워 증명서 한 통을 떼기 위해 시청 민원실에 들렀다. 관공서 특유의 어려운 분위기에 조심스럽게 두리번거리는데 한 남자가 이것저것 물으며 친절하게 안내했다. 그리고 여러 부서에 전화를 걸어 내가 가져가야 할 서류를 완벽하게 뗄 수 있게 도와주는 것이 아닌가. 덕분에 마감시간이 촉박한데도 느긋하게 서류를 받아볼 수 있었다. 항상 내 위에서 군림하는 것 같던 기관 직원들에게 대접받았다는 생각에 너무나 기분이 좋았던 기억을 잊을 수 없다. 그때 그 친절함이 '끝까지 동행'이란 캠페인 같은 것이었는데 그런 발상 자체가 너무 감동이어서 온몸에 전율이 일 정도였다. 생각해 보라. 한 사람의 시민을 위해 서류 한 통 떼는 데도 민원실 전체가 끝까지 동행하는 살뜰한 분위기를. 어떤 사람들은 세금을 내는데 당연한 거 아니냐고 말하는 사람도 있다. 그러나 세금과는 별개의 감정이 오갔으니 그렇게 친절할 수 있지 않았겠는가.

나는 전주 시청의 소나무들이 자랑스럽다. 노송광장이란 이름을 붙일 수 있게 그득한 소나무로 주변이 의젓하고 곧은 분위기를 낼 수 있는 자체도 멋스럽지만 전국 어디에도 이런 근사한 청사는 없을 듯해서이다.

그날도 칭찬이 자자한 시청 도서관을 찾아 가는 길이었다. 1층에서 판매하는 저렴하고 맛있는 한방차를 사들고 복층 스타일의 2층으로 올라가면 거의 북 카페 분위기를 자아내는 멋스러운 시청 도서관을 만나게 된다. 그리고 키 크고 수수한 외모의 여직원과 잠시 얘기해 보면 그녀가 책을 너무나 사랑하고 책 읽는 시민들을 얼마나 자랑스러워하는지

금방 알 수 있다. 그래서 더욱 편하게 쉴 수 있는 공간이란 걸 알아버린다.

'시청은 모든 시민을 위한 좋은 집이 되어야 합니다.'

아, 출입문!!

출입문 유리창 전체에 흰 새와 푸른 나무가 그려져 있었는데 너무나 사실적이어서 꼭 숲 속에 들어온 느낌이었다. 시민을 위한 좋은 집이란 말이 어찌나 친밀한지 내 집이라도 되는 양 의기양양해졌다. 어떻게 시청 출입문에 이렇게 다정한 말을 써놓을 수 있을까. 이러한 사소한 배려에 경의를 표한다. 도서관 직원의 말에 의하면 입춘엔 춘첩도 붙였다고 한다. 입춘대길立春大吉 건양다경建陽多慶 춘첩이 붙어 있는 출입문 사진을 도서관 직원이 살짝 보여준다. 세상에! 나뭇잎 사이에 붙어 있는 춘첩에서 풍기는 양옥과 한옥의 조화가 경이롭다. 시청을 모든 시민을 위한 좋은 집으로 생각하는 시청이 전주 말고도 전국에 많이 있었으면 좋겠다.

시내버스를 타고 느긋하게 흔들리고 가다 보면 전주에선

꼭 내 차가 필요 없다고 느껴질 때가 있다. 거기다 저상버스라도 만난다면 더없이 안전하고 쾌적한 이동을 할 수 있다. 행선지 표시 전광판을 눈여겨보면 '한국의 꽃심, 전주'란 말이 눈에 띈다. 꽃심이란 말이 너무 좋아 얼른 스마트폰을 뒤진다. 최명희의 ≪혼불≫에서 전주를 '꽃심을 지닌 땅'이라고 했다. 꽃심은 새 생명을 피워내고 강인한 힘이 있는 꽃의 심, 꽃의 힘, 꽃의 마음이다. 2016년 6월 9일, 모두가 조화롭게 어울리며 삶의 여유와 멋을 잃지 않고 사람의 도리와 의로움을 추구하며 창의적 미래를 열어가는 것을 토대로 한 '한국의 꽃심, 전주' 정신이 정립 선포됐다. 꽃심 안에는 대동과 풍류, 올곧음, 창신 네 개 정신이 담겨 있다고 한다. 정신적인 왕도의 도시, 조선 제일의 곡창지대, 전라도의 수부, 세계 무형무산 판소리의 본산, 선비정신을 담은 서화의 고장, 완판본 출판의 도시 등이 꽃심이라는 한 단어에 요약돼 있다고 하니 참으로 대단하다. 전주 사랑하는 생각들이 모여서 저 깊은 한국의 꽃심을 끌어냈을 것이다. 그 전주 사랑을 바탕으로, 전주를 닮은 듯 소탈하고 정겨운 웃음의 소유자 김승수 시장이 중심이 돼 요즘 전주를 살맛나게 하는지도 모르겠다.

최화경 수필집

낮술 환영

인 쇄 : 2017년 12월 1일
발 행 : 2017년 12월 5일

지 은 이 : 최화경
펴 낸 이 : 서정환
펴 낸 곳 : 수필과비평사

출판등록 : 1984년 8월 17일 제28호
주 소 : 서울시 종로구 익선동 30-6
운현신화타워 빌딩 2층 207호
전 화 : (02) 3675-5633, (063) 275-4000
팩 스 : (063) 274-3131
이 메 일 : sina321@hanmail.net
essay888@hanmail.net

값 13,000원

INBN 979-11-5933-136-7 03810

※ 저자와 협의, 인지는 생략합니다.
※ 잘못된 책은 바꿔 드립니다.

이 도서의 국립중앙도서관 출판예정도서목록(CIP)은 서지정보유통지원시스템 홈페이지(http://seoji.nl.go.kr)와 국가자료공동목록시스템(http://www.nl.go.kr/kolisnet)에서 이용하실 수 있습니다.(CIP제어번호:CIP2017031853)